THE CITY LIBRARY
SPRINGFIELD (MA) CITY LIBRARY

Los periquitos

860 636.6864 GISMONDI Periqu
Gismondi, Elisabetta.
Los periquitos

JUL 2 3 2001

Elisabetta Gismondi

LOS PERIQUITOS

EDITORIAL DE VECCHI, S.A.

A pesar de haber puesto el máximo cuidado en la redacción de esta obra, el autor o el editor no pueden en modo alguno responsabilizarse por las informaciones (fórmulas, recetas, técnicas, etc.) vertidas en el texto. Se aconseja, en el caso de problemas específicos —a menudo únicos— de cada lector en particular, que se consulte con una persona cualificada para obtener las informaciones más completas, más exactas y lo más actualizadas posible. **EDITORIAL DE VECCHI, S. A.**

Proyecto gráfico de la cubierta de Studio di Consulenza Grafica Giovanardi y Piccaglia

Fotografías de la cubierta y del interior, del autor

Dibujos del interior, de Alessandra Micheletti

© Editorial De Vecchi, S. A. 1998
Balmes, 247. 08006 BARCELONA
Depósito Legal: B. 44.420-1998
ISBN: 84-315-1120-6

El Código Penal vigente dispone: «Será castigado con la pena de prisión de seis meses a dos años o de multa de seis a veinticuatro meses quien, con ánimo de lucro y en perjuicio de tercero, reproduzca, plagie, distribuya o comunique públicamente, en todo o en parte, una obra literaria, artística o científica, o su transformación, interpretación o ejecución artística fijada en cualquier tipo de soporte o comunicada a través de cualquier medio, sin la autorización de los titulares de los correspondientes derechos de propiedad intelectual o de sus cesionarios. La misma pena se impondrá a quien intencionadamente importe, exporte o almacene ejemplares de dichas obras o producciones o ejecuciones sin la referida autorización». (Artículo 270)

Sumario

INTRODUCCIÓN	7

PRIMERA PARTE

POR QUÉ UN PERIQUITO EN CASA	11
HISTORIA DEL PERIQUITO	13
EL PERIQUITO EN LA NATURALEZA	18
CLASIFICACIÓN CIENTÍFICA	24
ANATOMÍA Y FISIOLOGÍA	26

SEGUNDA PARTE

REFLEXIONES ANTES DE LA COMPRA	37
LA COMPRA	45
EL ALOJAMIENTO Y LOS ACCESORIOS	55
LA LLEGADA A CASA	65
LA CRÍA	68

LA ALIMENTACIÓN 75
EL COMPORTAMIENTO 81
LA DOMESTICACIÓN Y EL ADIESTRAMIENTO 87
LA REPRODUCCIÓN 93
LAS ENFERMEDADES 108

TERCERA PARTE

LA GENÉTICA 119
PERFILES DE LAS PRINCIPALES VARIEDADES DE COLOR 128
LA SELECCIÓN 150

BIBLIOGRAFÍA 155

ÍNDICE ANALÍTICO 156

Introducción

Le gusta muchísimo participar en la vida familiar, sobre todo cómodamente instalado en el hombro de su amo. Ama las caricias y ser rascado en la nuca, y se divierte jugando con cualquier pequeño objeto que se mueva. Es extremadamente curioso y se hace oír con un simpático gorjeo casi con vehemencia, como si quisiera hablar con nosotros.

Teniendo en cuenta que estas son las características de un periquito muy doméstico que goza con la constante presencia de su amo, si por diversos motivos hemos de ausentarnos frecuentemente de casa será bueno contar al menos con dos ejemplares que se hagan compañía.

Este es sólo uno de los muchos consejos que se encuentran en este libro que, de una forma simple y clara, expone todo lo que hay que saber sobre el periquito. En los distintos capítulos se explica cómo escoger un ejemplar joven y sano, cómo debe ser la jaula y dónde debe colocarse, cuáles son los accesorios útiles y la comida preferida, qué juguetes han de ponerse a su disposición, cómo pueden evitarse las enfermedades y qué cuidados diarios necesita, cómo enseñarle a realizar algún pequeño ejercicio de habilidad o cómo comportarse si la hembra quiere poner huevos.

Estas son solamente algunas de las numerosas cuestiones, ilustradas con fotografías y dibujos, que le ayudarán a comprender el magnífico mundo de colores de los periquitos.

PRIMERA PARTE

Por qué un periquito en casa

Los periquitos son, con toda probabilidad, los más criados en todo el mundo como pájaros de jaula o pajarera. Los motivos de este enorme éxito radican seguramente en su carácter simpático, rústico y doméstico, y en su tamaño reducido.

Llamados también cotorritas, son psitaciformes a todos los efectos. Son simpáticos, inteligentes y muy bonitos; sus reducidas dimensiones hacen que su vida en cautividad sea mucho más fácil y menos problemática que la de un loro de talla grande, por ejemplo un ara.

Hemos dicho que son rústicos, y por tanto su mantenimiento no resulta difícil. También hemos señalado que son domésticos, pues se reproducen en cautividad sin grandes dificultades, dando muchas satisfacciones a su criador.

Son animales inteligentes que toman gran afecto al propietario, sobre todo si no tienen un compañero; como todos los psitácidos, los periquitos son animales muy sociables, por lo que si no tienen otros compañeros le atribuyen al propietario ese papel.

Pequeños payasos

Animales curiosos, si se dejan libres por la casa se divierten explorando minuciosamente todos los rincones, encontrando siempre algún objeto con el que jugar. Son también muy ágiles realizando pequeños ejercicios de habilidad, por lo que en ocasiones son adiestrados por expertos para realizar números circenses.

El periquito es un pájaro muy doméstico, por lo que se adapta bien a la vida en cautividad

El canto

Las emisiones canoras de los periquitos no son especialmente melodiosas como las de los canarios, pero resultan simpáticas y bastante agradables. Naturalmente, si poseemos muchos ejemplares su gorjeo puede llegar a resultar algo molesto.

En resumen, vivir con periquitos en casa nunca resultará aburrido. Del mismo modo, es importante que tampoco ellos se aburran, pues entonces se vuelven melancólicos y muchas veces les llega la muerte antes de tiempo.

La pasión del hombre por los pájaros en cautividad es muy antigua: esta espléndida jaula del siglo pasado es un ejemplo

Historia del periquito

La historia de la domesticación del periquito se pierde en tiempos muy remotos. El hombre viajaba entonces por tierra y por mar en una constante búsqueda de mercancías para llevar a la vieja Europa; a finales del siglo XVII se importaban regularmente canarios y loros de talla grande. El periquito no se conocía todavía; fue descubierto por el hombre blanco en 1789, durante una expedición por Australia.

EL PRIMER NOMBRE CIENTÍFICO

En 1805 los naturalistas Nodder y Shaw fueron los primeros en clasificar el periquito, dándole el nombre científico de Meloppsittacus undulatus.

La primera descripción que nos ha llegado de estos animales data del año 1794, a pesar de que estas simpáticas aves todavía no habían llegado a Europa.

La llegada de los primeros ejemplares a Inglaterra

En 1831 fue expuesto en el museo de la *Linnean Society* de Londres un ejemplar disecado, mientras que los primeros ejemplares vivos no llegaron a Inglaterra hasta el año 1840, gracias al gran naturalista John Gould, y en 1862 se hospedó por primera vez un ejemplar en el zoológico de Londres. Desde entonces, miles de periquitos fueron capturados para ser vendidos. Transpotados siempre en condiciones muy precarias, en un principio se difundieron

Los periquitos tienen su hábitat en los bosques y la sabana australianos

sólo por Inglaterra y muy pronto pasaron al resto de Europa.

La captura y el transporte

La captura se realizaba mediante redes o ligas en las cercanías de los lugares de nidificación o junto a los cursos de agua, y los pájaros eran introducidos por centenares en rudimentarias jaulas sin agua ni alimento. Obviamente, la mayoría no sobrevivía tras el largo viaje hasta Europa y los pocos que llegaban eran vendidos a precios muy altos.

En 1850 se iniciaron las exportaciones a Alemania, y también en este país creció rápidamente la pasión por estos simpáticos psitácidos. Muy pronto se advirtió que los periquitos son animales sociales y que para vivir necesitan compañía; por este motivo se criaban en parejas, aunque no se conseguía la reproducción.

El principal motivo de este fracaso se hallaba en la suposición errónea de que el tipo de nido en forma de copa usado por quienes conocían y criaban canarios podía servir también para los periquitos.

Las primeras reproducciones en cautividad

La primera reproducción en cautividad no tuvo lugar hasta 1855, cuando una mujer de Berlinque puso a disposición de su pareja de periquitos una cáscara de coco vacía para hacerle más agradable y divertida su vida en cautividad. Este gesto fue rápidamente apreciado por la hembra, que puso e incubó los huevos, consiguiendo criar sin grandes problemas a su prole.

Probablemente este fue el principio de la suerte y de la gran difusión de los periquitos que desde aquel día fueron criados a miles, para hacer frente a la siempre creciente demanda del mercado, convirtiéndose en los pájaros de jaula y pajarera más conocidos y apreciados.

LOS VIAJES DESDE LA LEJANA AUSTRALIA

Durante los largos viajes desde la lejana Australia hasta Europa, los marineros observaron que los periquitos sobrevivían en mayor número si las jaulas carecían de agua, además de comida. La razón de esta observación se puede ligar al hecho de que los pájaros, aun necesitando agua para vivir, con toda probabilidad contaminaban el agua con sus deposiciones y la convertían en un vehículo de difusión de enfermedades mortales.

Los primeros grandes criaderos de estos simpáticos psitácidos aparecieron durante la segunda mitad del siglo pasado

Los grandes criaderos del sur de Francia

Muy pronto, sobre todo en el sur de Francia, aparecieron verdaderos criaderos cuya producción de miles de ejemplares era destinada al mercado europeo. Por desgracia, estas crías intensivas provocaron una reducción de la talla, una disminución del número de crías y raquitismo, además de la aparición de algunos defectos como, por ejemplo, la muda francesa (véase el capítulo «Las enfermedades», pág. 108).

En cambio, en la cría llevada a cabo por aficionados no surgieron estos problemas, pues los animales eran sometidos a un mayor control y recibían todas las atenciones necesarias.

Estas crías fueron necesarias, entre otras cosas, porque en el año 1900 el gobierno australiano prohibió la exportación de los periquitos en un intento de salvaguardar la fauna autóctona de un saqueo indiscriminado.

Esta prohibición, todavía hoy en vigor, no tuvo ninguna repercusión sobre el comercio de estos pájaros, que se criaban ya con gran éxito no sólo en Europa, también en América, y rivalizaban en popularidad con los canarios.

> **LOS CRIADEROS FRANCESES**
>
> *Parece ser que en Tolosa, en el sur de Francia, un tal Bastide poseía en 1890 un criadero con más de 20.000 periquitos y que el negocio prosperó hasta tal punto que en el año 1913 el número de ejemplares llegó a ser de 100.000 y las plantas de cría cubrían una superficie de dos hectáreas.*

Las primeras mutaciones de color

Con la cría en cautividad se produjeron las primeras mutaciones en el color del plumaje. El color original es el verde que, según parece, tuvo como primera mutación el amarillo hacia 1870-75, seguido una decena de años más tarde por el azul (1880-85). Las demás mutaciones de color son mucho más recientes; en efecto, la serie empieza a partir de 1915 y continúa aún hoy, dejando atónitos a los mejores criadores por las múltiples variedades. Con la reproducción selectiva se aumentó la talla, pasando de los 18 cm de la forma silvestre a los 22-23 cm de los ejemplares de talla llamada *inglesa*. En resumen, en poco más de 150 años, desde que se importó por primera vez, el periquito se ha ganado un lugar de honor en el olimpo de los ejemplares amados y criados por el hombre.

Gracias a un cuidadoso trabajo de selección, la talla de los periquitos, que en los ejemplares silvestres no supera los 18 cm, alcanza los 22 o 23 cm en la llamada forma inglesa

El periquito en la naturaleza

El periquito es un típico habitante de Australia, la cual ha colonizado por completo, a excepción de una pequeña zona costera.

Australia, un continente inhóspito

Siendo su origen australiano, ha debido adaptarse al clima extremadamente duro de las zonas semidesérticas y desérticas de la sabana, donde las precipitaciones, que no tienen una periodicidad fija, pueden ser muy escasas y separadas por años de sequía. Los ritmos biológicos se caracterizan por lluvias repentinas que provocan un crecimiento rápido de la vegetación; los animales encuentran de nuevo un ambiente para alimentarse y reproducirse, pero no disponen de mucho tiempo porque el ardiente sol australiano provoca temperaturas que sobrepasan los 50 ºC: muy pronto vuelve la sequía y la vegetación muere.

Conocer las características climáticas del ambiente del que es originario el periquito ondulado nos ayuda a comprender cómo se desarrolla su vida en la naturaleza y cómo se comporta para tratar de sobrevivir en unas condiciones tan difíciles. Gracias a este conocimiento podemos explicar también el significado de muchos comportamientos casi selváticos que muchas veces se descubren en ejemplares nacidos y criados en cautividad.

La vida en colonias

Hemos dicho que la primera de las características del periquito es su gran sociabilidad, o su necesidad de vivir en colonias. De hecho, no es raro encontrarse con bandadas de miles de individuos que se desplazan de un territorio a otro en búsqueda de alimento y agua. Cuando en una zona escasean las fuentes de suministro, llega el momento de trasladarse a zonas de praderas con hierbas cargadas de semillas de más de veintiuna especies distintas, de las cuales estos psitácidos son golosos. Debido a la discontinuidad de las lluvias, puede suceder que los periquitos regresen a algunos territorios después de meses e incluso años. Nidifican en colonias, incluso colonizando por entero los pocos árboles disponibles sin demasiadas peleas; si los espacios disponibles son escasos, a veces varias hembras utilizan al mismo tiempo una misma cavidad.

La vida en colonias tiene sin duda sus ventajas. Ante todo, hay que reconocer que encontrar las fuentes de agua y de alimento resulta más fácil cuando son miles los ojos que las buscan.

Existe, además, el problema de los depredadores.

En la naturaleza, los periquitos viven en los árboles en colonias muy numerosas

> **COMIDA Y PROTEÍNAS PARA LOS ABORÍGENES**
>
> *Los aborígenes, a diferencia de las rapaces, aprovechan el gran número de animales de una colonia para conseguir capturar el número máximo de individuos. En efecto, lanzando el boomerang contra una bandada, muchas veces consiguen matar de un solo golpe de 20 a 25 animales. El periquito ondulado, muy apreciado entre ellos, es una valiosa fuente de proteínas.*

Estos pájaros son perseguidos no sólo por las rapaces, sino también por depredadores terrestres como las serpientes. No obstante, si un ave rapaz se enfrenta con una bandada de periquitos queda literalmente confundida por los miles de pájaros, de manera que no consigue escoger la presa; si consideramos además que estos pequeños psitácidos son grandes voladores, veloces y trazan regates inesperados, puede comprenderse la dificultad de su captura. Por otra parte, una colonia de animales puede advertir con más facilidad el enemigo y dar la alarma, alzando el vuelo silbando.

La reproducción

La reproducción es un acontecimiento muy importante para cualquier animal, pero para el que está frecuentemente expuesto a los numerosos peligros y a las grandes dificultades de la vida en el desierto lo es todavía más, y puede significar la supervivencia de la especie. Los periquitos ondulados han desarrollado una serie de comportamientos reproductivos especiales precisamente para superar las múltiples dificultades a las que están sometidos.

La lluvia es el elemento desencadenante de la reproducción, no las horas de luz o el calor. Con la lluvia florece la vegetación y por lo tanto se hace posible alimentar la nidada. Pero, según hemos visto, la lluvia no muestra ninguna periodicidad y llega casi sin previo aviso, por lo cual los periquitos han de estar siempre preparados para iniciar la puesta y la incubación de los huevos. Por este motivo, la Madre Naturaleza ha dotado a los machos de testículos que, si bien normalmente en los demás animales reducen sus dimensiones y no están activos durante los períodos de reposo, en estos animales están siempre preparados para no perder un tiempo precioso.

Debido a este constante «estado de alerta», los jóvenes inician muy pronto el cortejo de las hembras para así estar ya aparejados en el momento que alcanzan la madurez sexual. Generalmente son monóga-

Las cavidades de los árboles se utilizan en el período de reproducción para la preparación del nido

Si la cavidad disponible es demasiado pequeña, el periquito no se desanima y procede a ampliarla con un buen trabajo de pico para hacer más confortable el nido

mos: no tienen tiempo para lanzarse a otras conquistas. Las puestas pueden ser dos o, excepcionalmente, tres; el número de huevos es variable, pudiendo llegar en ocasiones hasta ocho.

PERÍODO DE REPRODUCCIÓN: TODO EL AÑO

Los periquitos ondulados pueden llegar a reproducirse durante todo el año; este comportamiento se advierte incluso en los ejemplares en cautividad durante generaciones, aunque es mejor no permitirlo porque resulta perjudicial para la salud de los reproductores.

> **LAS GRANDES MIGRACIONES**
>
> *Cuando el alimento disminuye en un territorio y ya no es suficiente para abastecer a la comunidad, ha llegado el momento de partir hacia otras zonas mejores. La partida muchas veces es repentina y los más jóvenes, que todavía no saben volar, son abandonados por sus padres y mueren de hambre.*

Hemos visto que, para nidificar, estos pájaros aprovechan las cavidades de los árboles, pero si no son suficientes también utilizan huecos del terreno. Puede suceder que varias hembras utilicen el mismo nido, llevando nidadas muy numerosas, incluso de una veintena de polluelos. El nido no está forrado, para evitar la pérdida de tiempo que representa la recogida de hierbas, hebras o cualquier otro material útil para este fin; como mucho se puede encontrar algo de serrín, fruto del trabajo de la hembra para agrandar la cavidad que acoge los huevos y más tarde los polluelos.

La alimentación de los recién nacidos consiste en la llamada «leche de loro», o sea, semillas parcialmente digeridas que los padres maceran en el buche. Ambos progenitores se ocupan de sus crías, que muy pronto son autosuficientes.

La supervivencia de la especie en el desierto

Hemos mencionado varias veces las grandes dificultades que han de afrontarse en el mundo animal para garantizar la supervivencia de una especie: en un hábitat tan rudo como es el desierto muchas veces la vida se convierte en imposible; la temperatura es tan alta que seca toda el agua y quema toda vegetación. Además, en el desierto australiano no son raros los períodos de sequía y los periquitos han debido adaptarse a esta situación. En la búsqueda de agua y comida, muchas veces realizan vuelos muy largos y no evitan los lugares habitados por el hombre para encontrar el sustento. A pesar de esto, muchos mueren de hambre y sed.

> **LA MUERTE DE MILES DE PERIQUITOS**
>
> *Sin embargo, el agua misma puede causar la muerte de miles de periquitos. Según cuentan los campesinos australianos, miles de ejemplares, más de 30.000, murieron ahogados en los abrevaderos del ganado, donde se lanzaron sedientos, mojándose las alas de tal forma que no pudieron remontar el vuelo.*

Clasificación científica

Hemos visto que la primera descripción y clasificación del periquito corrió a cargo de los naturalistas Nodder y Shaw (1805), que le dieron el nombre latino de *Melopsittacus undulatus*. El término *undulatus* se utilizó para indicar el dibujo formado por las características ondulaciones oscuras de la nuca,

CLASIFICACIÓN CIENTÍFICA

Tipo	Cordados
Sección	Vertebrados
Subtipo	Gnatostomas
Clase	Pájaros
Subclase	Neornites
Superorden	Neognatas (o carinadas)
Orden	Psitaciformes
Familia	Psitácidos
Género	Melopsittacus
Especie	Melopsittacus undulatus

NOMBRES UTILIZADOS EN ESPAÑA

- *Periquito (por su característico manto)*
- *Ondulado*
- *Cotorrita*
- *Periquito de Australia (por la patria de origen)*

cuello, cabeza, dorso, cuerpo y alas.

En Inglaterra, patria del periquito nacido y criado en cautividad, su nombre es *budgerigar*, derivado del término *becce riga* (pajarito) con el que los indígenas australianos denominan a este pequeño pájaro.

Perteneciente a la familia de los psitácidos, el periquito reúne todas las características propias de las aves de esta familia: pico curvado, cuello corto y grueso, cabeza proporcionalmente grande respecto al cuerpo, patas cortas y rudas con dos dedos dirigidos hacia delante y dos hacia atrás, por citar sólo algunas de las características más sobresalientes.

Los periquitos reúnen en sí todas las características de los animales pertenecientes a la familia de los psitácidos

Anatomía y fisiología

La anatomía y fisiología, materias que parecen interesar solamente a veterinarios o estudiosos, son en cambio muy útiles para el simple aficionado, porque le permiten conocer más a fondo a los animales que tiene en casa. Pueden permitirle incluso detectar ciertas enfermedades y ayudar así al veterinario en el diagnóstico y la cura posterior.

En el capítulo anterior hemos visto que el periquito es un vertebrado que pertenece al orden de los psitaciformes y a la familia de los psitácidos. En pocos gramos de peso y en unos 18 cm de longitud, el periquito reúne todas las características de los pájaros y de los loros en particular, incluso de los de talla mucho mayor. Estupendas «máquinas» de volar, los pájaros tienen una estruc-

---

LOS PERIQUITOS, ANIMALES HOMEOTERMOS

Son animales de sangre caliente. Los periquitos, como los demás vertebrados, tienen una temperatura corporal situada alrededor de los 41-42 °C. Es fundamental para el mantenimiento de esta temperatura el plumaje, que protege el cuerpo del frío y del viento. En verano, mantenido separado del cuerpo, favorece una circulación del aire que permite el descenso de la temperatura del cuerpo.

Los periquitos son animales de sangre caliente: las plumas, que recubren por entero su cuerpo, mantienen la temperatura entre 41 y 42 °C

tura corporal muy distinta a la del resto de vertebrados y vale la pena estudiarla más detenidamente.[1]

El cuerpo

Observando el cuerpo de un periquito se puede advertir inmediatamente que pertenece a un hábil volador.

Su forma de huso, aerodinámica y alargada, es una gran ayuda para cortar el aire con un mínimo esfuerzo.

El periquito tiene un vuelo rápido y ejecuta regates inesperados que ponen a prueba a los más hábiles depredadores.

Esta facultad es, sin duda, producto de la selección natural que ha dotado a este simpático psitácido de unas robustas y largas alas y de una cola, también muy larga, que facilita la realización de los improvisados regates mencionados.

El esqueleto es muy ligero y está formado por huesos planos (esponjosos) y por huesos largos (neumáticos). Como el de todos los vertebrados, comprende la cabeza, la columna vertebral, las costillas, el esternón y las extremidades superiores e inferiores.

---

1. Para profundizar en el tema consúltese la obra *Cómo criar papagayos y periquitos*, de V. Menassé, también editada por Editorial De Vecchi.

LOS HUESOS NEUMÁTICOS Y LOS SACOS AÉREOS

Para hacer el cuerpo de los pájaros más ligero y, por tanto, más apto para el vuelo, los huesos largos o neumáticos están conectados con el aparato respiratorio mediante los sacos aéreos. De esta forma, en cada inspiración penetra en los huesos, haciéndolos más ligeros, aire fresco que aporta también el oxígeno útil para el intenso esfuerzo físico del vuelo.

En la parte frontal del cuerpo está situado el esternón, plano y cóncavo, atravesado longitudinalmente por una lámina ósea, la carena, a la que se adhiere la potente musculatura pectoral que tiene la importante misión de mover las alas; estos son los músculos más desarrollados de los pájaros, mientras que los demás son muy semejantes en estructura y función a los músculos de los otros vertebrados.

LOS MÚSCULOS DE LOS PERIQUITOS

Los músculos se subdividen, según su estructura, en:
— *voluntarios o estriados,*
— *involuntarios o lisos.*
  Según la función que desarrollan pueden ser:
— *flexores,*
— *extensores,*
— *abductores, etc.*

NOMENCLATURA DE LAS DISTINTAS PARTES DEL CUERPO

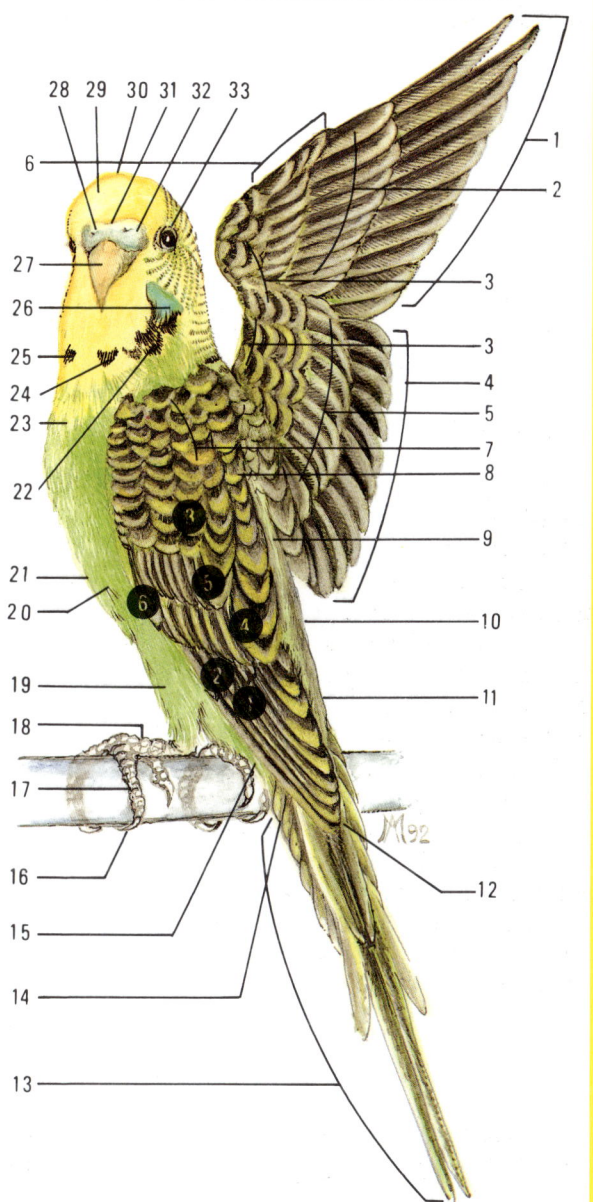

1. Remeras primarias; 2. Coberteras primarias; 3. Coberteras; 4. Remeras secundarias; 5. Coberteras secundarias; 6. Quinto dedo; 7. Hombro; 8. Espalda; 9. Dorso; 10. Grupa; 11. Rabillo; 12. Sobrecola; 13. Timoneras; 14. Bajocola; 15. Cloaca; 16. Uñas; 17. Dedos; 18. Pata; 19. Muslo; 20. Flancos; 21. Vientre; 22. Máscara; 23. Pecho; 24. Cuello; 25. Manchas; 26. Marcas de la cara; 27. Pico; 28. Fosas nasales; 29. Frente; 30. Cabeza; 31. Base del pico; 32. Cera; 33. Ojo

La cabeza

La cabeza del periquito, formada por el cráneo cervical y el cráneo facial, muestra un aspecto sólido y robusto. Está formada por huesos planos, esponjosos y bien soldados entre sí. El cuello es grueso y muy corto, casi invisible al estar cubierto por el espeso plumaje que cubre el cuerpo entero.

Los ojos son redondos y están situados a los lados de la cabeza para permitirle al animal un amplio campo de visión. Por este motivo el bulbo ocular no es esférico sino que tiene forma tronco-cónica, con el consiguiente aumento de la superficie de la retina que le proporciona una vista muy aguda.

El pico

La cabeza de los periquitos es muy sólida y compacta, puesto que ha de sostener el pico robusto que distingue a la familia de los psitácidos. Los huesos maxilares y la mandíbula están revestidos de una funda córnea que, junto a la esclerótica, forma el pico. Característicamente curvado, el pico de los periquitos tiene unos bordes cortantes que se mantienen afilados mediante continuos roces contra superficies duras.

Además de usarlo para alimentarse, también lo emplea a modo de tercera pata para trepar a los árboles o a las barras de la jaula, o como arma ofensiva y defensiva.

EL CUELLO: GRAN MOVILIDAD PARA UNA VISIÓN GLOBAL

Las pupilas de los ojos de los pájaros son fijas, por lo que, para conseguir una visión global más completa necesitan poder girar la cabeza lo máximo posible. Esto es posible gracias a la parte cervical de la columna vertebral formada por un gran número de vértebras que aseguran una amplia movilidad de la cabeza: casi 360°.

Macho común verde claro. La cera sobre el pico es de un color distinto según el sexo: azul en los machos y rosa marrón en las hembras

A los periquitos les gusta recoger todo lo que encuentran apetitoso por el suelo

LOS COLORES DE LA CERA

- En los jóvenes es rosada
- En las hembras adultas es marrón
- En los machos adultos es azul
- En los ejemplares ancianos es marrón

Sobre todo en los ejemplares de gran talla, el pico tiene tanta fuerza que puede romper fácilmente un dedo o las barras de la jaula.

Sobre el pico se encuentra la cera en la que se hallan las fosas nasales. Esta cera tiene una coloración que depende de la edad y el sexo del individuo.

LA COLORACIÓN DE LA CERA EN LOS INDIVIDUOS ANCIANOS

Con el paso de los años, incluso la cera de los machos adquiere el color marrón como el de las hembras. Esto complica la identificación del sexo, sobre todo en el momento de la compra; por lo tanto, hay que comprar un animal joven con la cera de color rosado, azul o de un marrón resuelto.

La lengua

Es corta, rugosa, tosca y provista de numerosas papilas sensibles al gusto y al tacto. Es utilizada para reconocer objetos o comida, además de saborearla mejor. Sirve también para disponer la comida en el pico y poderla fraccionar más fácilmente.

Las patas

Las extremidades inferiores, las patas, son cortas y bastante torpes. Más que para caminar por el suelo, las utilizan para trepar a los árboles. En efecto, los periquitos se mueven bastante torpemente por el suelo, también a causa de la cola tan larga, mientras que son muy ágiles y veloces trepando. Las patas las usan también para coger la comida, llevarla al pico y sostenerla mientras la desmenuzan; por este motivo están provistas de dos dedos dirigidos hacia delante y otros dos hacia atrás. En resumen: si el pico se considera la tercera pata, las extremidades inferiores pueden ser consideradas como manos.

Detalle de las patas gris verde, que muestra claramente la posición de los dedos

Los órganos internos

El conocimiento de los órganos internos es importante para la cría del periquito.

El **aparato respiratorio** está formado por las cavidades nasales, la faringe, los bronquios, los pulmones y los sacos aéreos que, como ya hemos visto, penetran parcialmente en los huesos neumáticos haciendo más ligero al esqueleto y aportando un mayor flujo de oxígeno a los músculos, sobre todo a los de las alas.

El **aparato fónico**, en cambio, está compuesto por la laringe: un largo tubo, de paredes interiores lisas, situado detrás de la lengua. Entre la laringe y la lengua se encuentra un orificio en forma de fisura, la glotis, mientras que no existe epiglotis, presente en cambio en el hombre. La laringe se prolonga en una larga tráquea que se divide en dos para seguir hasta los pulmones; en el punto de bifurcación se encuentra un importante órgano

LA EMISIÓN DEL CANTO

En el hombre los sonidos son emitidos por las cuerdas vocales, que vibran al paso del aire expulsado por los pulmones; en los pájaros, en cambio, la vibración de las cuerdas vocales de la siringe se produce por el aire proveniente de los sacos aéreos.

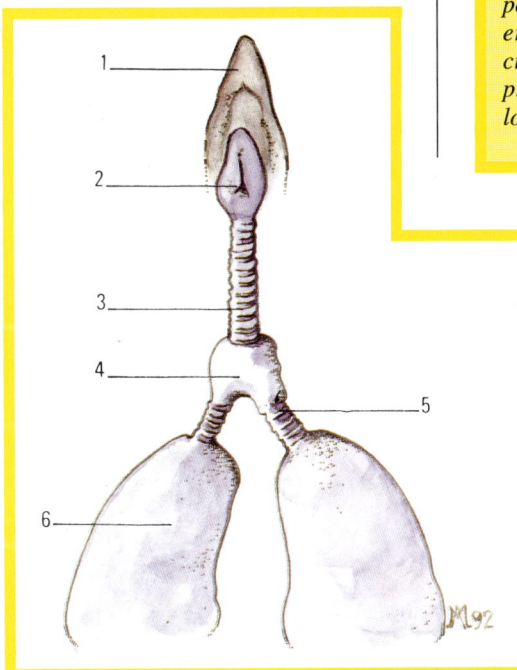

APARATO FÓNICO

1. Lengua; 2. Apertura de la glotis; 3. Tráquea; 4. Siringe; 5. Bronquios; 6. Pulmones

exclusivo de los pájaros, la siringe, dotado de una serie de pares de músculos que pueden dilatarlo o contraerlo.

El **aparato digestivo** está formado, a grandes rasgos, por un largo tubo que recorre el cuerpo del animal y está caracterizado por una serie de dilataciones y compresiones. Se subdivide en: cavidad oral, compuesta a su vez por el pico y la faringe; esófago, formado por el buche; estómago, dividido en estómago glandular y estómago muscular; intestino, que comprende el delgado, el grueso, los ciegos y la cloaca.

APARATO DIGESTIVO

1. Esófago; 2. Buche; 3. Estómago; 4. Estómago muscular; 5. Hígado; 6. Páncreas; 7. Intestino; 8. Recto

UN MOLINO PARA TRITURAR LA COMIDA

El trabajo del estómago muscular se caracteriza por una serie de contracciones que trituran la comida, transformándola en una papilla con la ayuda de la acción de los jugos gástricos. Sin embargo, para conseguir triturar mejor la comida el animal busca piedrecitas que harán la función de molino dentro del estómago. Esta es la explicación de la función que tiene el grit, *formado por piedrecitas silíceas, que debemos siempre poner a disposición de los pájaros en cautividad.*

El **aparato reproductor** está formado, en los machos, por las gónadas o testículos, por los deferentes y por el órgano copulador. En las hembras, en cambio, encontramos el ovario izquierdo (el derecho va en regresión y desaparece durante el desarrollo embrional) y el oviducto. Los huevos, generados en el ovario, descienden al oviducto y allí se desarrollan con la formación de la albúmina y la cáscara.

SEGUNDA PARTE

Reflexiones antes de la compra

Al pasar por delante de una tienda de animales nos quedamos fascinados ante los periquitos multicolores que adornan el escaparate. Son pájaros muy simpáticos, y todos nosotros en alguna ocasión hemos pensado en comprar un ejemplar y llevarlo a casa.

Pero la decisión de tener un animal en casa ha de ser muy meditada; no podemos dejarnos llevar por el deseo impulsivo o ceder ante la insistencia de nuestro hijo, que ve en el animal un juguete más.

Hay que tener muy presente que cualquier animal que decidamos comprar necesitará un espacio propio y que le deberemos dedicar un tiempo y unos cuidados; en el caso del periquito, este tiempo se prolongará durante unos 12 o 14 años.

NO LIBRARSE DEL PERIQUITO ABRIÉNDOLE LA JAULA

Si se ve obligado a desprenderse de su amigo psitácido, no piense en absoluto en darle la libertad abriendo la puerta de la jaula para dejarlo volar libremente: de esta manera lo condenaría con toda certeza a morir de hambre o a ir a parar a las garras de algún gato.

Siempre es muy triste tener que renunciar a la compañía de un animal querido porque ya no es posible tenerlo con nosotros; tampoco es fácil encontrar dónde colocarlo: el vendedor que nos lo facilitó no lo quiere, y no siempre hay amigos dispuestos a quedárselo.

Aconsejamos, por tanto, realizar un detenido examen de la situación antes de proceder a la compra, y preguntarse sinceramente si se está seguro de desear tener uno o más periquitos en casa.

La convivencia

Ante todo, debemos estar seguros de que todos los miembros de la familia coinciden en querer convivir con un periquito. Estos animales son muy simpáticos, inteligentes y afectuosos, y a veces aprenden a repetir alguna palabra, pero pueden resultar bastante molestos por su continuo gorjeo y por la suciedad que, inevitablemente, traspasa los barrotes de la jaula. La convivencia puede ser difícil también a causa de los otros animales de la casa. Si se trata de otros pájaros no hay problema, y si son de una talla similar pueden incluso convivir en la misma jaula. Si se trata, en cambio, de un gato, la cosa se complica porque este estupendo felino continúa siendo un cazador y es prácticamente imposible convencerle de lo contrario.

Es difícil que nos decidamos a prescindir de un ejemplar tan bello

---

LAS ALERGIAS

Es posible que se produzcan alergias a las plumas o al polvillo blanco que desprende el plumaje parecidas a las que puede producir el pelo del perro o del gato, cuyas consecuencias son estornudos, lagrimeos y dificultades respiratorias.

LA CONVIVENCIA CON OTROS ANIMALES

- *Con pájaros de una talla similar no hay problema, sobre todo si se alojan en una pajarera.*
- *Con pájaros de gran talla, la convivencia sólo es posible si están alojados en una pajarera muy amplia que proporcione grandes posibilidades de fuga.*
- *Con los roedores (conejillos de Indias, conejos, hámsters), no existen problemas, ya que es raro que se decida alojarlos juntos y si están libres por la casa no se molestan entre sí.*
- *El perro llega, por amor a su amo, a aceptar la convivencia con el periquito.*
- *Con el gato, en cambio, pueden surgir problemas porque es difícil que llegue a perder su instinto de cazador.*
- *Reptiles, anfibios y peces, normalmente están alojados en lugares separados y difícilmente entran en contacto con los periquitos.*

El perro, en cambio, es mucho más controlable que el gato, y muy raramente surgen problemas entre él y los pájaros. Por lo que respecta a los demás animales de compañía, si cada uno de ellos tiene su propio alojamiento no debemos preocuparnos.

Cuando se habla de convivencia con los periquitos hay que tener en cuenta que ellos necesitan un espacio propio: la jaula ha de ser suficientemente grande para permitirles pequeños vuelos. La ubicación de la jaula es muy importante para mantener a los animales sanos: hay que descartar el baño o la cocina, por ser normalmente lugares oscuros y poco ventilados. Por lo tanto, al decidir comprar uno o varios periquitos debemos considerar todas las exigencias de espacio que comporta una jaula para que sea fácil proceder a su limpieza y a la recogida de restos que inevitablemente caen al suelo.

No podemos dejar de hablar en este apartado de la presencia de los niños. Tener un animal en casa es siempre muy educativo, porque los chicos aprenden a respetar y cuidar a los demás seres vivientes. Si, además, conseguimos que los periquitos críen en cautividad, cosa bastante fácil, la lección de la naturaleza será completa para nuestros pequeños, porque podrán asistir al nacimiento y al

Gran jaula que aloja a un numeroso grupo puesto a la venta

Hay que colocar la jaula teniendo presente el espacio necesario para la limpieza a su alrededor: siempre caen restos y es necesario poder recogerlos fácilmente

posterior desarrollo de un nuevo ser.

Algunos temen que el periquito pueda ser portador de enfermedades peligrosas para los niños, como la temida psitacosis.

A este respecto, hay que decir que todos los periquitos que se encuentran hoy a la venta provienen de criaderos europeos, y no de la lejana Australia, y que, por tanto, es absolutamente improbable que puedan ser portadores de ciertas enfermedades que sólo las padecen en su estado natural. Los ejemplares criados en cautividad están siempre muy vigilados por el criador, que es el primer interesado en tener animales sanos capaces de reproducirse.

El fantástico juego de colores del plumaje hace muy atractivos a los periquitos

EL PERIQUITO Y LOS NIÑOS

Los periquitos no son animales que se puedan tener en la mano y acariciar como un conejito; por este motivo, resultan de poco interés para un niño pequeño, que además puede asustarlo con sus chillidos o movimientos bruscos.

Si queremos confiar al niño el cuidado o la alimentación y limpieza, este deberá tener ya unos 9-10 años para ser capaz de entender las exigencias del periquito; sin embargo, es importante que los padres permanezcan siempre atentos para evitar desagradables sorpresas. Tampoco es aconsejable regañar al muchacho que se ha olvidado de dar de comer al periquito: es mucho mejor explicarle que su amigo podría morir de hambre.

Las vacaciones

Cuando llega el momento tan esperado de las vacaciones, surge el problema de qué hacer con el periquito. Es evidente que la solución de este problema ha de tenerse en cuenta en el momento de la compra del animal y no después, escogiendo quizá la opción de abrir la jaula y dejarlo volar hacia un destino frecuentemente muy cruel.

Si debemos ausentarnos por pocos días, no hay problema: podemos colocar en la jaula varios recipientes con comida y bebederos de sifón para el agua, de forma que el animal tenga comida y agua en abundancia.

Si nuestra ausencia ha de ser más larga, deberíamos confiar en un familiar, un amigo o un vecino que pueda ir a nuestra casa cada dos o tres días para cambiar el agua y la comida. Esta sería la solución ideal para el animal, pues se evitaría el traslado a un lugar desconocido.

Si tenemos la posibilidad de llevarnos al animal con nosotros, podemos utilizar una jaula de transporte con unas oportunas mamparas que lo resguarden de las corrientes de aire y de los posibles sustos. Al llegar al destino, le estará esperando una acogedora jaula.

LAS TIENDAS DE ANIMALES: UNA GRAN AYUDA DURANTE LAS VACACIONES

Muchas veces, la tienda en la que encontramos a nuestro amigo puede alojarlo durante nuestras ausencias. Mediante una compensación que acordaremos con el vendedor, este cuidará con manos expertas a nuestro periquito, al que no le faltará nada.

De facilidad de transporte, con los reparos oportunos, es un medio útil en caso de viaje

Hasta aquí hemos analizado los inconvenientes que podríamos encontrar al tener uno o varios periquitos en casa, pero no hemos tenido en cuenta que muchos de ellos se pueden evitar simplemente con un poco de organización: estos animales son tan inteligentes, simpáticos, fascinantes, gracias a los miles de colores de su plumaje y nos hacen tanta compañía, que con un poco de voluntad podremos superar cualquier problema.

Los periquitos son animales que se adaptan bien a la vida en cautividad, se domestican fácilmente, llegando incluso a aceptar la comida directamente de nuestras manos, y se reproducen sin demasiadas exigencias. Son considerados como los animales más apropiados para aquellas personas que se acercan por primera vez al fascinante mundo de las aves con la intención de dedicarse incluso a la reproducción. Con ellos nos llevamos a casa una pequeña porción de naturaleza muy útil para la formación de los jóvenes, que

La cuidada disposición de las jaulas y su limpieza distinguen a esta tienda, en la cual se puede comprar con plena confianza

siempre tienen menos oportunidades de acercarse al maravilloso mundo de los animales. En fin, los periquitos nos exigen algunos sacrificios, pero también nos proporcionan muchas satisfacciones y placeres.

Si la mayoría de estas cuestiones han sido respondidas de forma positiva, entonces podremos comprar tranquilamente uno o varios periquitos. Sin duda, nos convertiremos en unos óptimos compañeros para estos estupendos e inteligentes pájaros y gozaremos de su compañía.

PREGUNTAS PREVIAS A LA COMPRA DE UN PERIQUITO

- *¿Están de acuerdo en la compra todos los miembros de la familia?*
- *¿Hay alguien de la familia alérgico a las plumas?*
- *¿Tenemos niños demasiado pequeños que puedan molestarlo?*
- *¿Somos conscientes de que deberemos ocuparnos de él durante 12-14 años?*
- *¿Disponemos de un lugar sin humedad ni corrientes de aire donde colocar la jaula?*
- *¿Podemos aceptar la suciedad que seguramente caerá de la jaula?*
- *¿Tenemos algún lugar donde dejarlo durante nuestras vacaciones?*
- *¿Disponemos de tiempo para la limpieza de la jaula y el cuidado del periquito?*
- *¿Estamos dispuestos a asumir los gastos, aunque pequeños, que ocasiona su mantenimiento?*
- *¿Estamos dispuestos a dedicar tiempo y dinero para que nuestro periquito sane si cae enfermo?*
- *¿Tenemos tiempo y ganas de ofrecerle nuestra compañía para que no sufra de melancolía?*
- *¿Podremos soportar su constante gorjeo?*
- *¿Puede ponernos nerviosos su continuo saltar de un lado a otro?*

La compra

Comprar un periquito no resulta nada complicado porque, gracias a las facilidades de cría, la oferta es muy grande en cualquier época del año. De todas formas, existen unas indicaciones que deben contemplarse para tener la seguridad de escoger los mejores ejemplares.

Desde hace generaciones, los periquitos son criados y seleccionados con la intención de obtener nuevos colores de plumaje y mejorar la forma del cuerpo y la talla. En efecto, en nuestras tiendas especializadas podemos encontrar ejemplares «mejorados», llamados de raza inglesa, que alcanzan incluso los 22 cm de longitud. Los ejemplares de talla pequeña que se encuentran normalmente en las tiendas son llamados *ondulinos* por los criadores.

No hay consejos especiales a la hora de escoger un ejemplar; tan sólo cabe decir que para las personas poco expertas y no interesadas en acudir a ninguna exposición resulta aconsejable elegir los pájaros de talla normal, más rústicos y más fáciles de criar que los muy seleccionados.

La mejor época para la compra

Los periquitos se reproducen en cualquier época del año, pero los criadores prefieren los últimos meses del invierno y la primavera, por lo que ya en primavera se encuentran a la venta ejemplares jóvenes de pocos meses.

rán en plena forma y su plumaje mostrará su máximo esplendor.

Dónde comprar

Existen muchas soluciones para la compra de un periquito; cada una de ellas tiene, como siempre, sus pros y sus contras que analizaremos a continuación.

La tienda de animales

Es fácil encontrar una tienda de animales: seguramente cerca de casa hay una o, en su defecto, podemos encontrar una gran oferta en las páginas amarillas.

Muchas veces la tienda ofrece una amplia gama de ejemplares de colores diferentes y a la vez está

DÓNDE COMPRAR LOS PERIQUITOS

- En una tienda especializada en animales.
- Durante una exposición ornitológica.
- A través de un criador.
- A través de algún anuncio.

Ferias y mercados tienen frecuentemente un sector dedicado a los pájaros; este es el Banco del Pájaro, en la Piazza delle Erbe de Verona

provista de todo lo que nos hará falta: jaula, alimentos necesarios y accesorios varios. Sin embargo, muchas veces, si el vendedor está muy ocupado con sus numerosos clientes podrá dedicarnos poco tiempo y las informaciones que nos dará serán escasas.

Las exposiciones ornitológicas

Entre setiembre y diciembre, y abiertas al público los domingos, se organizan centenares de exposiciones ornitológicas en todo el territorio nacional. Son ocasiones óptimas para poder ver periquitos altamente seleccionados de bellísimos plumajes. Solamente se presentan ejemplares de talla inglesa, la única aceptada por el estándar vigente.

Durante estas exposiciones pueden comprarse ejemplares, pero no es aconsejable porque se trata de animales que han sufrido un cierto estrés y necesitan, por tanto, el cuidado de manos expertas. Un concurso ornitológico es una buena ocasión para entrar en contacto con criadores expertos, de los cuales obtendremos buenos ejemplares y apreciables consejos. Es bueno pedirles su dirección y ponernos de acuerdo para visitarlos y escoger el periquito que deseemos comprar.

Fila ordenada de jaulas de exposición en una de las numerosas muestras ornitológicas que tienen lugar cada año en nuestro país

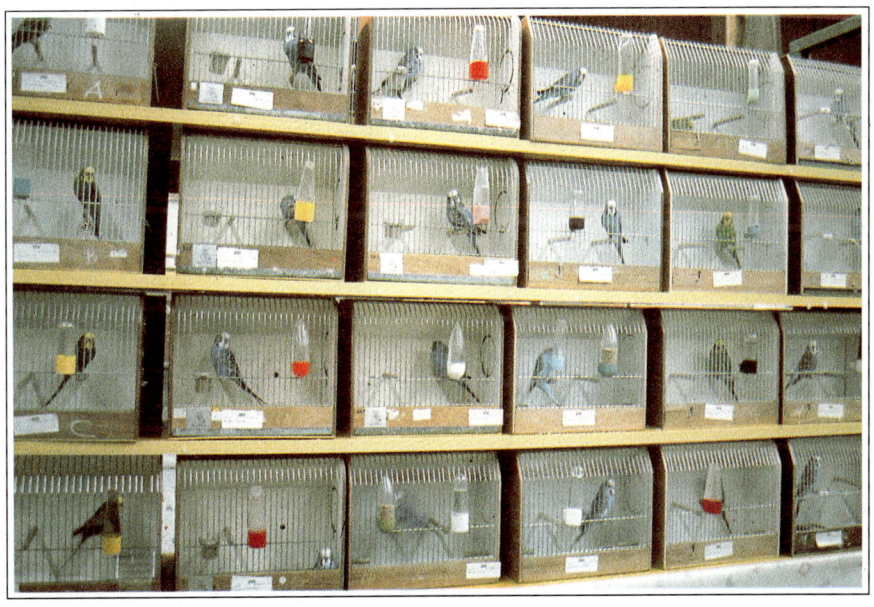

El criador

Es la persona más indicada para facilitar cualquier información para la cría de estos simpáticos psitácidos; generalmente, se mostrará muy dispuesto a responder todas nuestras preguntas. Tiene una oferta limitada, pero siempre son ejemplares de talla grande. Además, a través del criador podremos obtener todas las informaciones referentes al árbol genealógico del periquito escogido; estos datos son muy importantes si deseamos realizar una cierta selección.

Hemos dicho que la mejor forma de ponernos en contacto con él es acudiendo a las exposiciones; también podemos pedir información en cualquier tienda especializada.

Los anuncios

En las revistas especializadas encontraremos anuncios de particulares o de criadores que venden periquitos. Una vez puestos de acuerdo, no hay que dejarse convencer sobre la conveniencia de usar el tren o el correo para el envío, porque el animal podría sufrir durante el viaje y llegar incluso muerto a su destino. Lo mejor es trasladarse al lugar para no perder la posibilidad de escoger el ejemplar y tener que fiarse de un desconocido; una vez llega el animal a su destino, difícil-

> **DÓNDE NOS PUEDEN FACILITAR LAS DIRECCIONES DE LOS CRIADORES**
>
> *Federación Ornitológica Española*
> *C/. Batalla del Salado, 26*
> *28045 Madrid*
> *Tel.: (91) 467 86 56*
>
> *Federación Ornitológica Deportiva Española*
> *C/. Salas Quiroga, 11, 14.º*
> *46007 Valencia*
> *Tel.: (96) 384 56 92*

mente podremos cambiarlo si no corresponde a nuestras exigencias.

Elección del ejemplar

Cualquiera que sea la modalidad de compra que hayamos decidido, deberemos procurar obtener el mayor número posible de datos sobre el estado de salud de los pájaros porque, aparte del tamaño y del color, el animal que deseamos ha de estar completamente sano. Hay que recordar que en un local sucio y con jaulas sucias difícilmente encontraremos individuos sanos; pueden parecerlo por su aspecto, pero pueden ser portadores de cualquier enfermedad que se desarrollará una vez lleguen a nuestra casa. Todas estas cuestiones deberemos intentar averiguarlas al hablar con el vendedor (criador o comerciante), sin que este se dé cuenta para no herir su susceptibilidad con alusiones directas a la higiene de su local.

Las condiciones de salud

Una vez hechas nuestras consideraciones sobre el local y las instalaciones, podemos pasar a la elección del ejemplar que más nos guste.

En este punto es muy importante observar el estado de salud.

El desorden es muchas veces sinónimo de suciedad; es mejor no comprar en una tienda que demuestra poco cuidado con sus propios animales

OBSERVAR EL LOCAL Y LAS JAULAS DE LOS PERIQUITOS

- *El local ha de ser limpio, lo mismo que las jaulas e instalaciones.*
- *Las jaulas no han de alojar a demasiados sujetos, porque el espacio reducido nunca es bueno para la salud.*
- *Los comederos han de contener comida fresca y limpia.*
- *El agua ha de ser limpia y abundante.*
- *Las jaulas no han de estar expuestas a corrientes de aire, muy perjudiciales para la salud.*
- *Los excrementos del suelo de la jaula no han de ser demasiado líquidos: indicarían una enfermedad gastroenterítica.*

CARACTERÍSTICAS DE UN PERIQUITO SANO

- El animal está tranquilo, sin agitarse, pero no apático ni soñoliento.
- El plumaje es liso, brillante, completo y bien compuesto.
- El ojo está bien abierto y sin lagrimeos.
- Las fosas nasales están limpias y sin supuraciones.
- Las deyecciones son semilíquidas y están recubiertas por una membrana transparente.
- Las plumas alrededor de la cloaca aparecen limpias y sin excrementos adheridos.
- El hambre y la sed son normales.
- Las patas aparecen enteras, sin costras, escamas secas o heridas; han de tener cuatro dedos.
- El pecho y el vientre están ligeramente redondeados, son de color claro y están bien provistos de carne.
- El pico es de longitud normal, entero y sin malformaciones.
- La respiración es tranquila y sin ruidos.

La edad

Si deseamos tener un periquito que nos tome cariño y al que enseñar algún ejercicio de habilidad deberemos escoger un ejemplar joven, que no haya cumplido los seis meses de vida. Existen algunas características típicas que nos pueden ayudar a definir la edad del ejemplar escogido.

El color del pico es oscuro hasta las cinco o seis semanas de vida, y sólo más tarde adopta la coloración característica. Alrededor de esta edad, la cera asume su color azul en los machos y ligeramente marrón en las hembras. En los individuos jóvenes las patas son lisas, sin escamas secas. El plumaje no está todavía completo, ni tampoco sus dibujos: las marcas onduladas de la cabeza llegan hasta la cera y las manchas de la cara aparecen indefinidas. Finalmente, el ojo es completamente oscuro. En cambio, en los adultos las marcas onduladas llegan apenas

LAS ANILLAS DE LAS DISTINTAS FEDERACIONES ESPAÑOLAS

Los ejemplares criados por un miembro de una Federación llevan en la pata una anilla de identificación. En esta anilla están grabados la federación a que corresponde, el código (stam) *del criador, un número correlativo y el año de nacimiento; estos elementos facilitan la determinación de la edad del ejemplar.*

a los ojos y las de la cara son muy definidas. El ojo presenta un círculo blanco.

Macho o hembra

Es completamente indiferente si nuestra elección recae sobre un macho o sobre una hembra. A veces los machos son más tranquilos. Si, por ejemplo, queremos tener a nuestro periquito en la mano, el macho se dejará coger sin problemas; la hembra, en cambio, se verá obligada a defenderse con fuertes picotazos contra nuestra mano, comporta-

NUNCA DOS HEMBRAS EN LA MISMA JAULA

Si decidimos tener dos ejemplares en la misma jaula, pero no deseamos formar ninguna pareja, es aconsejable escoger dos machos, porque las hembras, al alcanzar la madurez sexual, se vuelven muy agresivas entre ellas en sus disputas por el terreno reproductivo; en consecuencia, se producen feroces luchas que pueden incluso causar la muerte de la perdedora.

Macho y hembra en tierna actitud

miento explicable al estar ligado al instinto de defensa del nido y la prole.

Las emisiones canoras, el gorjeo, están a cargo de ambos sexos, mientras que parece que los machos tienen más tendencia a aprender y repetir algunas palabras simples.

¿Vida en solitario o en pareja?

Es evidente que si queremos intentar la reproducción deberemos tener una pareja; si nuestro deseo es tener un pajarillo domesticado que incluso salga de la jaula sin ningún problema, deberemos poseer un único ejemplar con el fin de que pueda reconocernos como semejantes suyos.

Sin embargo, hay que decir que la formación de un pequeño grupo en una jaula espaciosa o en una pajarera resulta muy agradable porque, de esta forma, pueden observarse muchos de los comportamientos que estos pájaros presentan en su hábitat; siendo, por otra parte, el periquito un animal que siempre vive en grupo, resulta atractiva la oportunidad de poseer varios individuos.

Un plumaje roto y descompuesto muchas veces es fruto de luchas encarnizadas, pero también puede indicar un trastorno físico

El alojamiento y los accesorios

Ya hace algunas generaciones que los periquitos empezaron a criarse en cautividad y se han conseguido adaptar muy bien a nuestra compañía. Esto no significa, sin embargo, que no tengan necesidad de un espacio propio para poder moverse. Por tanto, la jaula ha de ser suficientemente amplia para permitirles incluso algunos pequeños vuelos. Para alojar a uno o varios periquitos existen otras soluciones, entre las que podemos escoger entre la jaula de grandes proporciones, la pajarera de interior o de exterior y, finalmente, el árbol artificial.

Veamos a continuación brevemente las características de cada uno de estos alojamientos, quedando claro que la elección se realizará en función del espacio y el dinero disponible, considerando también qué es lo que deseamos obtener de estos simpáticos psitácidos.

La jaula

En las tiendas existen diferentes habitáculos de forma y dimensiones variadas para acomodar a los periquitos. La mejor forma es sin duda la rectangular, de desarrollo horizontal, porque permite un mejor aprovechamiento del espacio. Hay que tener en cuenta que los pájaros vuelan horizontalmente y, por tanto, una jaula de este tipo, si es suficientemente grande, les permite volar. Si escogemos una jaula en forma de torre, alta y estrecha, observaremos que el animal utiliza sólo la parte alta de la jaula, descendiendo solamente para comer. Una forma

Jaulas de todos los tipos: funcionales y también como complemento de la decoración

redonda no es aconsejable: aparte de no permitir ni siquiera pequeños vuelos, puede crear molestias de tipo psíquico vinculadas al sentido de la orientación; en este caso, siendo el horizonte redondo y no lineal los movimientos del pájaro son siempre circulares, sin que encuentre un rincón donde refugiarse en caso de miedo o malestar.

Las jaulas más funcionales y prácticas son las construidas con alambre cincado, con unos barrotes separados entre sí de 10 a 12,5 mm para evitar fugas desagradables. Por lo menos en dos de los lados es aconsejable que los barrotes estén dispuestos en sentido horizontal para permitir que el periquito trepe por ellos, cosa que agradecerá. Si los barrotes están demasiado separados puede ocurrir que el animal introduzca su cabeza entre ellos y luego no pueda sacarla.

DIMENSIONES MÍNIMAS DE LA JAULA

Para alojar a un solo pájaro puede bastar una jaula de 40 × 25 × 30 (altura) cm, mientras que para una pareja deberá ser de, por lo menos, 60 × 40 × 50 (altura) cm.

LAS PUERTAS DE LA JAULA

La jaula ha de estar provista de dos puertas de entrada, una para introducir la mano y otra para poder colgar el recipiente para el baño o el nido, y de dos o cuatro puertas de servicio para colgar los comederos. En el momento de la compra ha de tenerse en cuenta que todas las puertas estén provistas del correspondiente muelle espiral que las cierra automáticamente para evitar las fugas, teniendo en cuenta que los periquitos son animales inteligentes que aprenden rápidamente a abrir las puertas mal cerradas.

Resulta práctica la jaula provista de cajón extraíble para colocar arena o serrín absorbente. Si este cajón está provisto de una parrilla que separe al pájaro de la arena, conseguiremos evitar el contacto del animal con sus excrementos, muchas veces portadores de enfermedades.

Los cajones de material plástico son los más prácticos por su facilidad de limpieza y desinfección. Siendo además su coste muy bajo, pueden cambiarse frecuentemente o tener dos para ir alternándolos.

La jaula de tipo inglés

Se encuentran a la venta unas jaulas llamadas de «tipo inglés» que cuentan con cinco de las seis caras cerradas por un panel. Esta solución es adecuada para proteger a los animales de las corrientes de aire y de miradas indiscretas, disminuye la caída de restos fuera de la jaula y es ideal para ejemplares muy agitados y asustadizos.

El jaulón

Así se define una jaula muy grande, de al menos un metro de anchura, de desarrollo horizontal, ideal para alojar a los jóvenes que necesitan una gran actividad física para completar correctamente el crecimiento y el desarrollo corporal. Por lo demás, sus características son similares a las de las jaulas normales.

La jaula ha de estar provista de una caja extraíble para así eliminar la suciedad

La pajarera

Para los que disponen de espacio o desean tener una pequeña colonia de periquitos, la mejor solución consiste en una pajarera de interior o de exterior.

Las características de la primera han de ser las citadas hasta ahora, cambiando por supuesto las dimensiones.

En las tiendas especializadas pueden encontrarse varios tipos que pueden adaptarse sin problemas a cualquier decoración o espacio interior. Muchas de ellas están provistas de ruedas, que facilitan los posibles desplazamientos.

Si la elección ha recaído en una jaula barnizada que no ha resistido los ataques del robusto pico de los periquitos, deberá ser sustituida: el barniz es tóxico en caso de ser ingerido

LA JAULA DE CRÍA

La llamada jaula de cría consiste en un alojamiento rectangular de dimensiones apropiadas para hospedar a una pareja de adultos, además de cuatro o cinco polluelos. Con respecto a la jaula de cría para canarios, no precisa una división central puesto que en el caso de los periquitos el macho colabora activamente en la alimentación de los recién nacidos y, por tanto, ha de estar siempre en contacto con la hembra.

JAULA O PAJARERA: QUÉ ESCOGER

Es evidente que en una pajarera espaciosa el animal se encuentra mucho mejor, puede moverse a placer y realizar vuelos saludables y, si está en grupo, puede vivir y comportarse como en plena naturaleza. Si, por el contrario, queremos establecer una relación de confianza recíproca, es preferible una jaula en la que el pájaro vivirá solo para establecer un vínculo más estrecho con su amigo el hombre. Si deseamos aparear los periquitos siguiendo unas determinadas características genéticas, deberemos de alojar en la jaula una sola pareja para estar seguros de que el acoplamiento se realiza.

Gran pajarera de interior

tando las que hayan podido ser fumigadas con plaguicidas porque los periquitos al roerlas podrían resultar envenenados), apoyos, comederos y bebederos, quizás una pequeña fuente con agua corriente y los nidos, son los accesorios con los que deberemos decorar la pajarera.

El árbol artificial

Los periquitos son pájaros inteligentes a los que les gusta mucho trepar por las ramas y jugar con pequeños objetos.

Para ellos podemos construir un árbol artificial, que también encontraremos en una tienda de animales, que reproduzca su hábitat natural y les invite a trepar por él y hacer volteretas.

Complementado con un recipiente amplio para recoger la suciedad y realizado con ramas atadas juntas, puede ser una solución muy divertida incluso para nosotros, los espectadores de las acrobacias de estos acróbatas alados.

Es evidente que los pájaros que disfruten de este árbol han de estar acostumbrados a ser cogidos con la mano para poder devolverlos después a la jaula.

Es aconsejable no dejarlos solos en el árbol para evitar accidentes domésticos.

Para la pajarera de exterior hay que recordar, en cambio, que los periquitos pueden pasar el invierno en el exterior siempre que hayan sido habituados gradualmente y, sobre todo, que la pajarera esté provista de un techo que la proteja de la lluvia y del sol directo. Algunas ramas recogidas del bosque (descar-

Una rama seca, oportunamente complementada con una serie de objetos divertidos, puede ser el centro de juegos de los periquitos

La ubicación de la jaula

La ubicación de la jaula es muy importante para la salud de nuestro amigo. Si es mejor evitar los desplazamientos continuos porque los animales se habitúan al lugar en que se encuentran normalmente, mucho más importante es evitarlos durante la reproducción, período en el cual

LA UBICACIÓN CORRECTA DE LA JAULA
• *No colocarla nunca en la cocina o en el baño, pues los vapores son perjudiciales para la salud.*
• *Tampoco la situaremos frente a una ventana que se abra con frecuencia, para evitar los golpes inesperados de aire.*

la hembra podría abandonar el nido por no reconocerlo como propio.

Los accesorios

Evidentemente, la jaula ha de decorarse con los accesorios oportunos para hacerle cómoda la vida al periquito y para que a nosotros nos resulte fácil ejecutar las operaciones de mantenimiento.

Los apoyos

El primer accesorio consiste en unos apoyos, que pueden ser de plástico o de madera. Los de plástico deben

correcto

Los apoyos pueden consistir en simples ramas recogidas en el bosque, siempre que su diámetro permita a las patas un agarre correcto

incorrecto

- *Situarla en el dormitorio no resulta demasiado higiénico y, además, los animales pueden perturbar nuestro sueño con sus movimientos y su gorjeo.*
- *Ha de colocarse en un lugar fácilmente accesible para la limpieza y el cambio del agua y la comida.*
- *El cuarto de estar, al lado de una ventana cerrada no expuesta al sol directo, es el lugar ideal para colocar la jaula; de esta forma el periquito podrá disfrutar de la luz y de nuestra compañía.*

ser controlados frecuentemente, ya que en su interior pueden anidar ácaros, pero tienen la ventaja de poderse lavar y desinfectar muy fácilmente; los de madera, en cambio, son frecuentemente víctimas del robusto pico del periquito. La forma es normalmente redonda y sus dimensiones pueden observarse en la ilustración.

cambiar para lavarlos y desinfectarlos.

Los bebederos

Los más funcionales son los de plástico y con sifón. Normalmente basta uno por jaula, ya que el agua ha de cambiarse diariamente. Si tenemos varios ejemplares y hemos de

> **LA COLOCACIÓN DE LOS APOYOS**
>
> *Han de colocarse de manera que el periquito tenga la posibilidad de realizar un salto con, al menos, una batida de alas entre un apoyo y otro. Por tanto, es aconsejable no excederse en el número de apoyos para dejar espacio al animal. Han de colocarse, además, de forma que los excrementos no caigan ni en los comederos ni los bebederos, para no ensuciar su contenido.*

Los comederos

Generalmente son de plástico y de formas muy similares. Pueden estar formados por una o dos piezas, siendo preferibles estos últimos por su facilidad de limpieza. Se cuelgan exteriormente en las puertas de servicio. Se aconseja comprar el doble de los necesarios, para poderlos

Los mejores comederos y bebederos son los de material plástico, por ser fácilmente lavables

ausentarnos varios días, habrá que colocar más de un bebedero. Repetimos aquí lo expuesto sobre los recambios, la limpieza y la desinfección.

La bañera

Puede ser un recipiente colocado en el interior o colgado de una de las puertas. Téngase presente que si se coloca en el interior puede provocar una excesiva humedad en la arena del fondo de la jaula, mientras que si lo colocamos en el exterior el agua mojará el suelo. En ambos casos, han de ser de plástico y desinfectables.

El nido

En su hábitat natural los periquitos construyen el nido en las cavidades de los árboles o del terreno. Por este motivo, el nido que pondremos a su disposición deberá tener la forma de una cajita de madera con el orificio de entrada en la parte más alta. Es aconsejable que el nido disponga de una apertura en el techo para poder controlar lo que ocurre en su interior. En las tiendas especializadas existen nidos diseñados especialmente para los periquitos. No se necesita ningún otro material, puesto que estos animales no tienen la costumbre de forrar el nido.

Para la reproducción irá muy bien un nido en forma de caja, que se encuentra normalmente a la venta en las tiendas especializadas

Otros accesorios

Para las galletas, el hueso de sepia o la lechuga se halla en el mercado toda una gama de accesorios perfectamente estudiados. De plástico o de metal, de distintos tamaños, han de escogerse por su comodidad y funcionalidad, no por su estética.

Los juguetes

Los periquitos son pájaros inteligentes que se divierten jugando. Cualquier objeto puede ser un pretexto para jugar con él mordiéndolo, agarrándolo con el pico y haciéndolo rodar. En las tiendas de animales se pueden encontrar cadenitas con una campanilla, escaleritas, columpios, espejitos, pelotas y otros

Pequeño catálogo de juguetes adecuados para los periquitos

muchos juguetes. Un consejo: el periquito se divierte con estos objetos, pero no le llenemos demasiado la jaula restándole espacio vital.

EL ESPEJITO

Los periquitos situados frente a un espejo ven su propia imagen y, creyendo tener delante a un compañero, inician una «charla» ciertamente muy simpática.

La llegada a casa

Una vez decidida la compra y escogido el ejemplar, la jaula y los accesorios, hay que pensar en el traslado a casa de nuestro nuevo amigo. Normalmente, para trayectos cortos se usan unas cajas de cartón con agujeros para el paso del aire y en las que el pájaro, dada la oscuridad de la caja, generalmente permanece tranquilo. Sin embargo, hay que vigilar que no intente escapar de un lugar tan estrecho ensanchando los orificios con el pico.

Si el viaje hasta casa se prolonga más allá de tres o cuatro horas habrá que proveerse de una jaula de transporte más grande y robusta, de madera. Puede colocarse en su interior un pedazo de manzana, semillas, un trozo de espiga de panizo o maíz y una esponja empapada en agua para que el animal pueda así comer y beber.

LAS MALETAS DE LOS CRIADORES

Cuando un criador se dirige con sus animales a una exposición, normalmente utiliza una maleta especial con numerosos departamentos, uno para cada ejemplar. La maleta, provista de orificios para el aire, protege a los animales de corrientes de aire y miradas indiscretas. Los animales, dada la oscuridad en que se encuentran, se mantienen tranquilos durante el viaje, sin riesgo de estropear su apreciado plumaje.

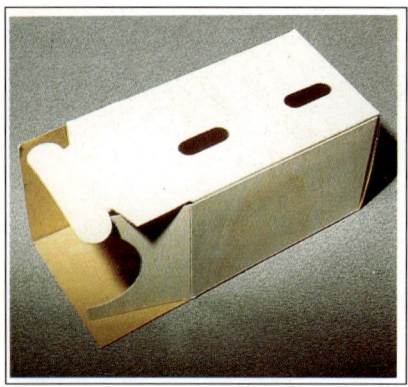

Para los pequeños desplazamientos se utiliza una cajita de cartón, en la que el animal permanece tranquilo y no se asusta

El nuevo ambiente

Una vez llegados a casa, la jaula ya ha de estar preparada para acoger al nuevo inquilino: arena limpia en el fondo, comida y agua fresca, el hueso de sepia y el *grit* ya dispuestos para hacerle apreciar su nueva morada. De este modo podemos evitar molestarlo durante un par de días hasta que se adapte al nuevo ambiente.

Considerando siempre su tranquilidad, es aconsejable colocar la jaula a la altura de un hombre, en un ambiente en que pueda disfrutar de nuestra compañía para empezar a conocernos. Si se muestra muy nervioso o agitado, colocaremos la jaula en un lugar semioscuro; si no es así, colocaremos la jaula en su lugar definitivo. Por lo menos durante el primer día deberemos reprimir nuestra curiosidad. Más tarde, si el animal no se muestra agitado, podremos acercarnos a la jaula y, hablando en un tono sosegado, empezaremos a comunicarnos con él. Se acostumbrará fácilmente y sin grandes problemas a nuestra presencia y aprenderá a compartir la jornada con nosotros.

Si hay en casa otros periquitos

Si tenemos otros periquitos u otros pájaros en casa, el recién llegado deberá ser introducido con un poco de cautela. Si tenemos un ejemplar con el cual queremos que forme pareja, deberemos introducirlo en la jaula y mantenerlo separado de él con una rejilla por lo menos durante un día para que así tengan tiempo de conocerse sin agredirse. Si una vez quitada la rejilla no demuestran simpatía mutua, deberemos separarlos nuevamente, intentando la unión algunos días más tarde.

En cambio, si el recién llegado ha de formar parte de una comunidad de una pajarera, el consejo es colocarlo en una pequeña jaula en el interior de la pajarera para permitir el conocimiento mutuo sin peleas. Si la pajarera no es muy grande, habrá que poner la jaula cerca de ella de forma que los pájaros puedan verse y oírse.

Bello ejemplar de opalino canela gris

La cuarentena

Llevar a casa un nuevo ejemplar y ponerlo en seguida en contacto con los que tenemos desde hace tiempo puede resultar peligroso incluso para su salud. En efecto, puede darse el caso de encontrar un pájaro que parece sano pero que, en realidad, está incubando alguna patología; por tanto, si queremos evitar la propagación de las enfermedades es aconsejable someterlo a una pequeña cuarentena antes de ponerlo en contacto con los demás huéspedes alados de la casa.

Sólo es necesario instalar la jaula del recién llegado a una distancia prudencial, unos dos metros, de la jaula de los demás y procurar no intercambiar comederos, bebederos y otros accesorios. Si después de un par de semanas el nuevo inquilino está sano se podrá proceder a la unión, que será feliz y larga. Hay que decir que si para la compra nos hemos dirigido a una persona seria y de confianza, raramente deberemos preocuparnos por la salud del animal escogido.

La cría

Con este término nos referimos a todas las actividades necesarias para que el animal se encuentre bien en nuestra compañía. Criar un periquito no es nada difícil, porque sus exigencias son mínimas y basta con seguir unas sencillas reglas que expondremos a continuación.

La higiene del periquito

La higiene es de vital importancia y, por lo que respecta a su propia higiene, los periquitos dedican una buena parte de la jornada a limpiarse y alisarse el plumaje, sobre todo las plumas de las alas que tanta importancia tienen para el vuelo. No son, en cambio, demasiado partidarios de bañarse; aun poniendo a su disposición una bañerita, raramente la utilizan.

LA DUCHA PARA LOS PERIQUITOS

En el mercado se encuentran unas duchas estudiadas expresamente para los periquitos. Son parecidas a una bañerita normal, pero cuando el pájaro, intrigado por el objeto, se introduce en él, su peso acciona un mecanismo que hace caer el agua sobre él.

Se puede sustituir mediante el baño manual: salpicándolos con un nebulizador para plantas.

Esta operación ha de hacerse durante las horas calurosas del día para que el animal pueda secarse rápidamente; además, debe tenerse

Para las abluciones del periquito se puede utilizar, si las dimensiones lo permiten, esta bañerita que se cuelga en la jaula

cuidado con las corrientes de aire durante el baño, pues puede contraer alguna enfermedad respiratoria grave.

La higiene del pico y las uñas

El corte del pico y las uñas forma parte de la higiene personal del periquito. Muchas veces comprobaremos que el animal frota con insistencia su pico contra el palo de apoyo: intenta limpiarlo y afilar sus bordes, que los utiliza para pelar semillas. El hueso de sepia cumple esta función, además de proporcionarle calcio y sales minerales. No obstante, puede suceder que el pico, sobre todo en su parte superior, se haga demasiado largo. En este

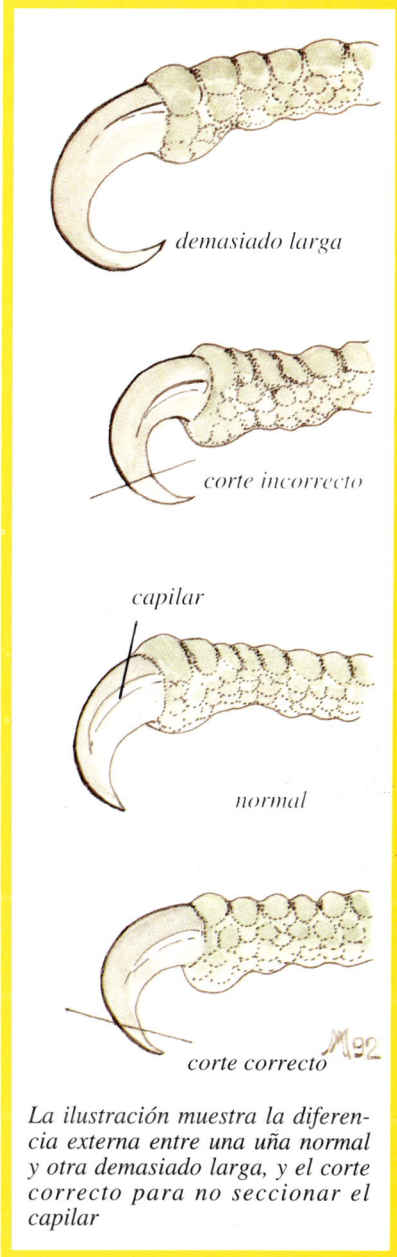

La ilustración muestra la diferencia externa entre una uña normal y otra demasiado larga, y el corte correcto para no seccionar el capilar

> **SI UNA UÑA SANGRA**
>
> *Si al cortar una uña hemos seccionado una vena, se producirá una cierta hemorragia que deberemos parar. Para ello utilizaremos un lápiz hemostático, como los que usan los hombres para las heridas del afeitado. Una vez cortada la hemorragia, se podrá aplicar un poco de estreptomicina en polvo.*

La higiene de la jaula y los complementos

La higiene de la jaula y sus complementos se consigue con una limpieza que será siempre muy escrupulosa, pues de otra forma la suciedad que se deposita, por ejemplo, en los rincones de la caja puede convertirse en un buen receptáculo para parásitos y virus.

momento deberemos intervenir si no queremos que nuestro amigo llegue a tener serias dificultades para alimentarse.

Hay que proveerse de unas tijeras pequeñas bien afiladas y proceder al corte de la parte sobrante del pico, fácilmente reconocible por ser mucho más delgada y clara que el resto. ¡Mucho cuidado con cortar demasiado, pues podríamos provocar una fuerte hemorragia! A los que no se sientan capaces de realizar esta operación, les aconsejamos dirigirse a un veterinario de confianza.

También las uñas necesitan ser cortadas, porque dentro de una jaula los periquitos no tienen demasiadas ocasiones de desgastarlas. Usando también para ello unas tijerillas bien afiladas, se cortará la parte sobrante de la uña mirándola a contraluz para localizar el final del capilar y evitar seccionarlo. (Véase el dibujo de la pág. 69).

> **ENJUAGAR MUY BIEN LOS EQUIPOS**
>
> *Esta operación es muy importante sobre todo en el caso de los comederos y los bebederos, pues de otra forma obligaríamos a nuestro periquito a ingerir partículas tóxicas. La arena del fondo de la jaula ha de renovarse una vez por semana y, con esta ocasión, es aconsejable la limpieza de la caja con un desinfectante. También los apoyos han de lavarse, desincrustando los posibles restos de excrementos y lavándolos a continuación con agua hirviendo y un desinfectante una vez por semana, si los periquitos son muchos, o cada quince días si son pocos. Finalmente, la jaula ha de lavarse a fondo con agua hirviendo y un desinfectante al menos una vez al mes, prestando atención a todos los rincones, que hay que limpiar meticulosamente para eliminar parásitos y virus.*

Los comederos que contienen las semillas han de lavarse y desinfectarse con un desinfectante suave, por ejemplo lejía, una vez por semana, mientras que los que contienen comida perecedera, como fruta o verdura, han de cambiarse y lavarse al menos cada dos días. Los bebederos también han de lavarse y desinfectarse todos los días, especialmente durante el verano, para evitar fermentaciones peligrosas.

Agua y comida

El suministro de agua y comida también forma parte de la cría. Ya hemos visto que el agua debe renovarse cada día durante el verano y cada dos días durante el invierno. Lo mismo vale para los alimentos perecederos: frutas, verduras y pasta de huevo deben suministrarse por la mañana para que el periquito disponga de todo el día para comerlos; por la noche habrá que retirar los restos para evitar la formación de moho, que si es ingerido puede llegar a causar la muerte del pájaro. La mezcla de semillas, en cambio, puede permanecer en la jaula varios días hasta que el periquito la termine.

La salida libre

Para mantener en buena salud y vigor al periquito, lo mejor es permitirle algún pequeño vuelo libre por el interior de casa. Sin embargo, es necesario que nuestro amigo esté suficientemente domesticado para que vuelva de nuevo a la jaula sin problemas y se deberán retirar algunos objetos que para él pueden constituir serios peligros.

Para facilitar su entrada de nuevo en la jaula es aconsejable colocar en la puerta abierta un apoyo, que resulta un poderoso reclamo sobre todo si se le coloca una espiga de panizo, manjar muy apreciado por el animal.

La reproducción también forma parte de la cría, pero hablaremos de ella en el capítulo especial dedicado a este tema. Haremos ahora un pequeño resumen de cómo aconsejamos organizar las actividades relacionadas con nuestro amigo periquito para que no se nos olvide nada.

QUITAR SIEMPRE LAS CÁSCARAS DE LOS COMEDEROS

Hay que señalar que los periquitos cuando comen no apartan la cabeza del comedero y, por tanto, las cáscaras caen encima de las semillas, recubriéndolas. Dado que el animal no escarba entre las cáscaras a la búsqueda de semillas buenas, corre el peligro de morir de hambre con el comedero lleno. Por este motivo, se aconseja soplar sobre los comederos todos los días para eliminar las cáscaras.

LOS PELIGROS DE LA CASA

- Vidrios y espejos contra los que puede chocar.
- Jarros, sanitarios y otros recipientes llenos de agua, en los que puede ahogarse.
- Hornillos, chimeneas o velas encendidas, con los que puede quemarse.
- Puertas o ventanas abiertas, a través de las cuales puede obtener la libertad.
- Cortinas u otras telas, a las que puede quedar prendido con las uñas.
- Armarios o cajas, detrás de las cuales puede caer sin ser capaz de salir.
- Suelo duro, contra el cual puede caer y romperse una extremidad.
- Plantas venenosas o tóxicas, cuya ingestión, aun en pequeñas dosis, puede causar la muerte.

ALGUNAS PLANTAS VENENOSAS

He aquí sólo algunas de las plantas de interior que resultan venenosas para los periquitos: ciclamen, jacinto, narciso, adelfa, flor de pascua y filodendro.

Cuando se abre la jaula para proporcionar un poco de libertad a su inquilino hay que tener en cuenta los peligros que este puede encontrar por la casa: la flor de pascua, por ejemplo, es muy peligrosa si se ingiere

Para mantener la buena salud de los animales no hay que descuidar la higiene: las limpiezas han de ser frecuentes y esmeradas

OBLIGACIONES DIARIAS

- Cambio del agua y limpieza de los bebederos.
- Proporcionar un poco de verdura o fruta por la mañana y retirar los restos por la noche, lavando las vasijas.
- Rociar el animal con un poco de agua para bañarlo en verano y durante las horas más cálidas.

OBLIGACIONES PARA CADA DOS O TRES DÍAS

- Proporcionar la mezcla de semillas y limpiar los comederos.
- Colgar una espiga de panizo en la jaula.

OBLIGACIONES SEMANALES

- Limpiar la caja y cambiar la arena.
- Rascar y limpiar los apoyos.
- Añadir el grit en su comedero y cambiar el hueso de sepia si está ya gastado.

OBLIGACIONES MENSUALES

- Limpiar y lavar cuidadosamente toda la jaula.

La alimentación

El periquito es un pájaro muy frugal, fácil de alimentar y que se contenta con poco. Esencialmente es granívoro, aunque en su hábitat natural y durante la cría de los polluelos puede buscar alguna presa viva para elevar el nivel proteínico de su dieta. Es fácil de alimentar, pero esto no quiere decir que no debamos prestar atención a la comida que le demos, todo lo contrario: los alimentos han de ser siempre frescos y seleccionados, y hay que seguir algunas reglas sencillas.

Los alimentos básicos

Hay que decir, ante todo, que existen algunos alimentos que nunca deben faltar en la jaula: son los alimentos básicos, y en este caso se trata de las semillas. Se encuentran en el mercado de mezclas preparadas de semillas seleccionadas. Cuando se compra una de estas mezclas hay que vigilar que el contenido sea fresco, germinable, que esté desprovisto de polvo y, sobre todo, de parásitos, como las polillas, que indican un almacenamiento deficiente y prolongado del producto. En este caso es mejor no dárselo al periquito, pues podría causarle problemas gástricos.

Si queremos preparar nosotros mismos la mezcla, encontraremos las semillas en una cooperativa agrícola. También en este caso hay que prestar atención a la caducidad y presentación de las semillas que vamos a comprar. A continuación se indican dos ejemplos de mezclas fáciles de preparar.

MEZCLA PARA TODO EL AÑO	
Alpiste	45 %
Mijo blanco	25 %
Panizo	20 %
Avena	10 %

MEZCLA PARA EL PERÍODO DE LA REPRODUCCIÓN	
Alpiste	55 %
Mijo blanco	20 %
Panizo	15 %
Avena	10 %

Una golosina para los periquitos: la espiga de panizo

La espiga de panizo se encuentra sin problemas en las mejores tiendas de animales; les gusta mucho a los periquitos, quizá porque les recuerda su vida en la naturaleza y la búsqueda de espigas en los prados para alimentarse. También se convierte en un juguete del que se cuelga cabeza abajo realizando simpáticas acrobacias. Es bueno que nunca falte en la jaula.

El único problema es que desprende muchas cáscaras que caen fuera de la jaula, ensuciando el suelo.

Si se dispone de un pequeño terreno, es aconsejable plantar alguna planta de panizo para poder ofrecer a nuestros amigos las espigas antes de que terminen de madurar, ya que entonces contienen numerosos principios activos y vitaminas.

Las semillas germinadas

Las semillas se pueden suministrar incluso germinadas. Esta es una práctica muy usada durante el período de la reproducción pues las semillas son muy apreciadas, resultan más fáciles de asimilar y contienen vitaminas tan importantes como la vitamina E, que aumenta la fertilidad. Hay que vigilar que no se forme moho, muy dañino en general

---

PRODUCCIÓN DE SEMILLAS GERMINADAS

Para provocar la germinación de las semillas se utiliza un colador en el que colocaremos una cierta cantidad de semillas; lo mantendremos en agua durante 48 horas, teniendo la precaución de lavar las semillas con agua corriente cada 12 horas. Después de otras 48 horas, de las semillas emergen las raicillas y ya se pueden poner a disposición de los periquitos.

---

y mortal para el delicado organismo de los recién nacidos.

Para realizar esta operación podemos usar las semillas de la mezcla básica citada, las llamadas «semillas de la salud» o también trigo, muy apreciado en general. Las semillas germinadas han de suministrarse por la mañana y sus restos deben retirarse por la noche para evitar la formación de moho. De todas formas, será difícil encontrar restos por la noche dado lo apreciado que es este alimento.

La pasta y las galletas de huevo

Las semillas germinadas son utilizadas en muchas ocasiones para suavizar y hacer más apetecible la pasta de huevo, muchas veces muy reseca. Principalmente elaborados con harinas (pan y galletas secas, harina de maíz, copos de avena, etc.), alimentos proteicos (huevos, caseína y harina de soja), vitaminas y sales minerales, las pastas de huevo más equilibradas se encuentran en las tiendas de animales. Son fáciles de suministrar y se les puede añadir, para ablandarlas, semillas germinadas o manzana rallada.

Este tipo de alimento tiene bastantes proteínas (alrededor del 22 %) y ha de suministrarse durante el período de la reproducción o cuando hay pequeños que sacar adelante. Sin embargo, no siempre los periquitos lo agradecen y pueden preferir alimentar a sus pequeños sólo con semillas.

Si se suministra la pasta de huevo tal cual la podremos dejar a disposición del animal durante mucho tiempo, mientras que si la humedecemos con semillas germinadas o manzana rallada deberemos retirar los restos por la noche, siempre para evitar la formación de moho.

Aunque resulte apetitosa no hay que abusar de ella, porque al ser un alimento con un gran contenido energético engorda.

Hemos dicho que se encuentran a la venta una variedad de pastas que permite escoger. Algunas personas, en cambio, prefieren confeccionársela personalmente: es una solución que hay que dejar a los criadores con mucha experiencia, porque muchas veces se pueden cometer graves errores alimenticios.

También se encuentran en las tiendas galletas de huevo, estudiadas expresamente para los pájaros y que pueden sustituir a la pasta si esta no es bien recibida. Normalmente estos alimentos no poseen un grado de proteínas tan elevado como el de las pastas de cría, y por tanto pueden ofrecerse al animal durante todo el año.

La fruta

Entre todas las frutas, la más apreciada por los periquitos es, sin lugar a dudas, la manzana. Se trata de una fruta sumamente digerible, reguladora de la función hepática y de efecto desinfectante para la cavidad bucal; aporta, además, numerosas vitaminas necesarias para el correcto desarrollo corporal. Puede ser suministrada durante todo el año, diariamente, vigilando que no esté muy fría ni presente indicios de descomposición. Con otras frutas sólo nos queda hacer pruebas de aceptación, poniendo a disposición del pájaro pequeños trozos y observando su reacción.

La verdura

La verdura aporta también ingredientes y vitaminas muy útiles. Ensalada, escarola, lechuga y zanahorias son las más apreciadas, pero también la berza y las espinacas gozan de gran aceptación. Lavada, seca y no muy fría, la verdura ha de suministrarse durante todo el año para conseguir una dieta equilibrada en vitaminas. Para evitar que el animal se aburra de estos alimentos, lo mejor es irlos alternando de modo que siempre aparezca alguna novedad en la jaula.

Los complementos: las vitaminas

Hemos hablado de la integración vitamínica mediante la fruta y la verdura, pero puede suceder que nuestro amigo no sea muy partidario de estos alimentos y, por tanto, que necesite un aporte suplementario de vitaminas. Se encuentran a la venta complejos vitamínicos estudiados expresamente para los pájaros; son de fácil administración porque se añaden al agua. En este caso el agua de los bebederos deberá ser cambiada con mayor frecuencia porque el producto muchas veces se deteriora. Estos complejos vitamínicos no deben suministrarse durante largos períodos, sino sólo en caso necesario: si el animal está débil a causa de

La espiga de panizo ha de colgarse en la jaula y dejarse a disposición de los pájaros

una cura con antibióticos, se los daremos antes o después de la reproducción, durante el período de la muda o, para los ejemplares que acuden a las exposiciones, a la vuelta de una competición.

Los complementos: las sales minerales

También las sales minerales son muy útiles para el correcto desarrollo del animal: baste pensar en los huesos y la cáscara de huevo, que son de calcio. Los alimentos que damos a nuestro periquito contienen sales minerales, pero muchas veces en cantidades insuficientes. De ahí la utilidad del hueso de sepia, del *grit* y de la piedra colgados en la jaula. Estos complementos, aparte de proporcionarle las sales minerales, sirven para mantener en forma su pico (el hueso de sepia y la piedra) y garantizar una buena digestión (las piedrecitas del *grit*). Existen, además, preparados a base de sales minerales que pueden añadirse a la alimentación.

Las golosinas

Se puede llegar a ser amigo de un periquito ondulado conquistando su estómago con golosinas. Resultan muy útiles cuando se quiere domesticar o enseñarle a realizar algún pequeño ejercicio de habilidad, o a repetir alguna palabra. No obstante, conviene no abusar porque podríamos crearle problemas de salud.

> **LAS GOLOSINAS**
> - *Piñones*
> - *Uva*
> - *Semillas de girasol*
> - *Semillas de negrillo*

> *Nunca debe darse a los periquitos las sobras de la comida que, por ser saladas y grasas, son la causa de muchos problemas gastrointestinales.*

Semillas de girasol y uva son dos alimentos muy apreciados por los periquitos

El comportamiento

Tener un animal de compañía sin conocer su comportamiento es siempre un gran error porque se pierde gran parte del placer de la convivencia y se corre el riesgo de no captar los mensajes que el animal nos transmite, intentando dialogar con nosotros.

Para comunicarse, el periquito utiliza tanto la voz como el cuerpo, todo ello aderezado con inteligencia y simpatía.

El lenguaje sonoro

Las emisiones canoras de los periquitos consisten en gorjeos que varían de intensidad y potencia en función del estado del animal: un gorjeo suave indica que el animal está tranquilo y relajado; casi parece como si estuviese susurrando algo para sí mismo. Este gorjeo se vuelve más intenso a medida que aumenta el estado de atención y excitación del animal hasta alcanzar un volumen muy alto cuando se siente en peligro; si se encuentran varios ejemplares juntos, entonces el gorjeo se vuelve casi ensordecedor, seguramente muy molesto.

Viviendo en contacto estrecho con estos simpáticos pájaros muy pronto se aprende a descifrar sus gorjeos, consiguiendo entender bastante bien lo que se dicen entre ellos y lo que nos quieren comunicar. Podemos encontrarnos con un ejemplar capaz de repetir algunas palabras o sonido, aunque no resulta demasiado frecuente. Las palabras no son pronunciadas claramente, sino que se integran en el gorjeo y son repetidas rápidamente, resultando muchas veces incomprensibles.

> Un periquito solitario hace sentir cada vez menos su gorjeo, porque no tiene a nadie con quien dialogar.

Los periquitos juguetean gustosamente con su imagen reflejada en un espejo, tomándola por la de un compañero o un enemigo

El lenguaje corporal

Los periquitos utilizan mucho el lenguaje corporal para comunicar su estado de ánimo y esto es posible gracias a la flexibilidad de su cuerpo, que les permite asumir cómodamente determinadas posiciones. También en este caso basta con prestar un poco de atención para aprender los códigos de este lenguaje a través de la lectura de algunas posturas características.

• **Rascarse la cabeza.** Para rascarse la cabeza, el animal pasa la pata por detrás del ala llegando a la cabeza desde la parte de atrás. Este comportamiento es casi siempre de tipo práctico: sirve para rascarse o para acomodar alguna pluma que está fuera de lugar, pero también es utilizado cuando el animal se encuentra a disgusto por sentirse demasiado observado.

• **Estirar una pata y un ala.** Para nosotros significa estirarse, y lo mismo significa para el periquito. Es una acción que se realiza después de un período de reposo y sólo si el animal se siente bien y tranquilo. Muchas veces este gesto va acompañado de un bostezo o, por lo menos, de la apertura del pico. En los animales de jaula que no tienen grandes posibilidades de movimiento sirve para estirar la musculatura de las patas. Si observamos que siempre es la misma pata la que estira o si el animal deja de realizar

Alargando un ala y la pata correspondiente, el periquito estira sus miembros

este gesto, significa que hay problemas en las patas.

• **Apoyarse en una sola pata.** Cuando el animal reposa muchas veces se apoya en una sola pata, emitiendo un suave gorjeo de placer.

• **La cabeza escondida entre el plumaje de la espalda.** Esta es la posición que adopta el animal cuando quiere dormir: el gorjeo va haciéndose cada vez más suave, hasta que el animal se duerme.

• **Limpieza del plumaje.** Esta actividad es de importancia fundamental para la eficacia del vuelo y el mantenimiento de la temperatura correcta del cuerpo. A lo largo de la jornada el periquito dedica varias horas a alisarse con el pico cada una

EL CUIDADO DEL PLUMAJE

Durante las operaciones de limpieza del plumaje, el periquito extrae con el pico la materia grasa de una glándula sebácea de la base de la cola y la reparte por las plumas para hacerlas impermeables al agua y al polvo.

de las plumas para colocar correctamente las barbas que se hayan separado entre sí; para la cabeza, obviamente utiliza las patas. Aunque es de suma importancia en la actividad diaria, el animal sólo realiza la limpieza del plumaje si se siente tranquilo y relajado; de otra forma deja para otro momento más propicio esta actividad.

• **Limpieza de la cola.** Parece como si para el periquito la cola tuviese una importancia especial. En efecto, mientras que para ordenar las plumas muchas veces se dirige a un compañero para que le ayude, la cola es mantenida en estado de máxima eficacia únicamente por parte de su propietario; si otro individuo intenta tocarla, es motivo de litigio. Parece como si en la cola el animal tuviera algunos sensores que le procuran información del ambiente y este quizá sea el motivo de que la mantenga siempre en perfecto estado.

• **Frotación del cuerpo contra los barrotes.** Cuando las plumas nuevas nacen están recubiertas de una capa de queratina, que las libera al romperse. Esta rotura de la capa de queratina se facilita con el roce contra objetos duros, lo cual explica que en algunas épocas del año el periquito se frote contra los barrotes de la jaula y los apoyos. Si este comportamiento persiste incluso cuando no hay crecimiento de nuevas plumas, denota la presencia de parásitos.

• **Alzamiento de las alas.** Esta actitud va acompañada muchas veces del alargamiento de las patas, y sirve para estirar la musculatura de

La ilustración muestra un periquito en acción de rascarse

las alas. Es una actitud de bienestar y la utiliza también para hacer descender la temperatura del cuerpo durante los días cálidos.

• **Adelgazarse.** Cuando un periquito se asusta, alarga el cuerpo hacia arriba, mantiene el plumaje muy pegado al cuerpo y parece mucho más delgado que de costumbre. Muchas veces acompaña esta posición de picotazos al aire (parece casi como si le temblaran los dientes).

• **Plumaje alargado.** Cuando tiene que ahuyentar algún enemigo, el periquito ensancha el plumaje de todo el cuerpo para parecer mucho más grande. Alarga también las alas y mantiene el pico completamente abierto. Emite fuertes gorjeos antes de pasar a la acción. En cambio, si el plumaje está alargado y el animal está en un rincón de la jaula, es señal de indisposición y debemos acudir con rapidez a la consulta del veterinario.

Estas son, en resumen, las actitudes más frecuentes que adoptan los periquitos a lo largo de la jornada, y que son fácilmente descifrables. Como hemos visto en muchos casos, se trata de signos de bienestar y por lo tanto es muy importante que nuestro amigo las pueda exteriorizar en nuestra presencia. Sería una verdadera lástima que nuestro periquito se sintiera feliz

Cuando intenta asustar a un «enemigo», el periquito infla su plumaje en un intento de parecer más grande

En la lucha entre los machos, con las patas se intenta herir el pecho del adversario

solamente en nuestra ausencia: si así fuese, deberíamos intentar remediar la situación para que nuestra buena relación con él no se deteriorase.

Actitudes agresivas

En la vida diaria de un grupo de periquitos siempre existe algún conflicto, y por tanto es bueno que conozcamos sus comportamientos en tales casos. Ante todo, hemos visto que mantienen el plumaje hinchado para parecer más grande; también pueden mantener las alas desplegadas. Si llegan a «las manos», el comportamiento será distinto cuando peleen dos machos o dos hembras. En el primer caso, los dos contrincantes utilizan las patas e intentan herir el pecho del rival; en el segundo, se dan poderosos picotazos en las patas y aunque una de ellas chille de dolor la lucha continúa, incluso hasta causarse graves heridas. Ya hemos visto que las hembras, sobre todo durante la época de la reproducción, son mucho más agresivas que los machos, dado que han de defender el nido y las crías.

La domesticación y el adiestramiento

Una bonita jaula con periquitos de distintos colores es un buen motivo decorativo para nuestra vivienda. Pero si los animales son salvajes, se agitan continuamente y golpean los barrotes, el placer se transforma en sufrimiento no sólo para los animales sino también para nosotros, que no podremos gozar apenas de su belleza y simpatía. Hay que decir que los periquitos han sido criados en cautividad desde hace muchas generaciones y, por tanto, los ejemplares que se encuentran a la venta ya están habituados a la vida en una jaula y a la presencia del hombre.

Sin embargo, dado que estos animales son sociables y muy inteligentes, podemos intentar obtener algo más de ellos: algún pequeño ejercicio de habilidad o quizás alguna palabra. Armados de una gran paciencia y siguiendo algún pequeño consejo podremos proceder al adiestramiento de estos simpáticos psitácidos.

La domesticación

Antes de pensar en adiestrar un periquito, deberemos domesticarlo, de forma que entre el animal y el hombre se establezca una agradable relación de confianza mutua. Para este fin es necesario poseer un ejemplar muy joven (con el pico todavía oscuro y con las marcas

Joven azul cobalto cara amarilla (a la derecha) *en actitud amistosa hacia un macho adulto*

onduladas que le cubren toda la cabeza).

Para domesticarlo más fácilmente se aconseja tener un solo ejemplar en casa o, por lo menos, tenerlo alojado solo en una jaula para que no tenga contacto con otros periquitos a los que, de buen seguro, dedicará su atención. Ya hemos visto lo mucho que estos animales necesitan la compañía de sus semejantes, pero si estos faltan una persona bien

NUESTRA COMPAÑÍA ES MUY IMPORTANTE

Para domesticar un periquito es necesario pasar mucho tiempo en su compañía, porque si se deja solo sufrirá de melancolía y podrá desarrollar incluso comportamientos anómalos. Lo mejor es, por tanto, colocar la jaula en la habitación más frecuentada y hablar frecuentemente con el animal para que pueda acostumbrarse a nosotros. Dedicándole muchas atenciones, recibiremos a cambio simpáticos gorjeos y demostraciones de afecto.

> **LOS PERIQUITOS Y LA RADIO**
>
> *Quienes no puedan pasar mucho tiempo en compañía del periquito pueden utilizar la radio, poniendo programas musicales que serán valorados por él como pasatiempo.*

Típica actitud del periquito que reposa en un apoyo con la cabeza encajada entre los hombros

puede servir para iniciar alguna «charla» o juego.

Cuando veamos que al acercarnos a la jaula el periquito no se asusta, podremos empezar la lección de domesticación introduciendo una mano en la jaula y ofreciéndole una golosina, un piñón por ejemplo, esperaremos que la coja directamente de nuestros dedos; todo ello, hablándole con voz suave e intentando no realizar movimientos bruscos que puedan asustarlo. Si hemos escogido un nombre para nuestro amigo, es bueno repetirlo continuamente cada vez que le ofrecemos una golosina para que así asocie su sonido con algo agradable y acabe acercándose cada vez que lo oiga. Una vez haya aprendido a tomar sin miedo la comida de nuestra mano, podremos intentar acariciarle la cabeza y detrás de la nuca. A estos dos puntos el animal no llega para rascarse y se ve obligado a solicitar la ayuda de un compañero: si toma confianza con nosotros, se dejará acariciar con gusto e incluso él mismo se colocará en posición para recibir estas caricias.

El siguiente paso es acostumbrarlo a subirse a nuestro dedo para poderlo sacar de la jaula sin exponernos a problemas para que regrese después. Si el animal se acostumbra a utilizar nuestra mano como medio de transporte no será muy difícil conducirlo de nuevo a la jaula: sencillamente, se la mostraremos sosteniendo una golosina entre los dedos.

Para la salud del periquito es aconsejable dejarlo realizar algún pequeño vuelo por casa, siempre vigilando que no se lastime ni estropee los objetos de la casa.

HACER SUBIR UN PERIQUITO AL DEDO NO ES DIFÍCIL

Para conseguir que un periquito se suba a nuestro dedo hay que presionar, con el dedo índice extendido, entre el vientre y el pecho de forma que el animal se vea obligado a subirse.

LOS PELIGROS EN CASA

• *Ventanas y puertas han de estar cerradas para evitar fugas desagradables.*
• *Es aconsejable que los cristales y espejos sean oscuros, de otra manera, al no verlos, el animal puede chocar contra ellos de forma violenta.*
• *Los hornillos encendidos de la cocina pueden ser causa de quemaduras graves.*
• *Recipientes con agua como lavaderos, jarrones, la bañera, etc., pueden ser causa de ahogamiento.*
• *Las uñas demasiado largas pueden quedar prendidas en cortinas y tapicerías.*
• *La ingestión de algunas plantas puede provocar intoxicación.*

Hecho una bola en la barra de la jaula, el periquito duerme escondiendo la cabeza entre las plumas del dorso

De todas formas, cuando se decide dejar volar el periquito por casa es preferible estar presentes para evitar que puedan surgir complicaciones serias.

El adiestramiento

Los periquitos son animales inteligentes que a veces son adiestrados para realizar algún pequeño ejerci-

Curiosa expresión de este ejemplar de color ópalo canela gris verde que mira con descaro al fotógrafo

nas palabras. Es una capacidad bastante rara, pero esto no quiere decir que no lo podamos conseguir de nuestro pájaro.[1]

> **LA CAPACIDAD DE IMITACIÓN DE LOS PERIQUITOS**
>
> *Los periquitos pronuncian siempre las palabras muy rápidamente y por ello su comprensión resulta difícil. Puede suceder que nuestro animal repita alguna palabra pero nosotros no seamos capaces de entenderla.*

cio de habilidad, sobre todo por parte de personas del mundo del espectáculo. Siempre con mucha paciencia, se puede enseñar al animal a sostener objetos con el pico, a empujar un pequeño carrito o a tomar objetos con la pata como si esta fuera una mano. Estos son sólo algunos de los ejercicios que podemos ver en algún espectáculo, pero hay que decir que no son muchas las personas que se dedican a este tipo de adiestramiento de estos simpáticos psitácidos.

El adiestramiento en la palabra

Muchas veces nos encontramos con periquitos capaces de repetir algu-

Como siempre, ha de ser muy doméstico y estar muy ligado a nosotros por estrechos vínculos de confianza. Hay que pasar mucho tiempo en su compañía hablándole continuamente, a ser posible repitiendo la misma palabra. Las lecciones han de tener lugar por la tarde, a ser posible a la misma hora, asociándolas siempre a alguna cosa agradable, una golosina, por ejemplo. Eliminando toda posible distracción, deberemos ponernos frente al animal y repetir continuamente la palabra escogida hasta que el animal demuestre un cierto interés. Cuando

---

1. Consúltese *Cría moderna de los periquitos*, del Equipo de Especialistas Domefauna, editado también por Editorial De Vecchi.

El ejemplar que no tiene compañeros le toma afecto a la persona de quien depende, la cual así puede intentar enseñarle a hablar

este decae y el alumno da señales de cansancio, hay que interrumpir la lección si no queremos conseguir el efecto contrario. Es muy difícil que el periquito repita palabras, pero no debemos desanimarnos a los primeros intentos; por algo se dice que la paciencia es la virtud de los fuertes.

Si tenemos la suerte de poseer un periquito capaz de «hablar», podremos intentar enseñarle más de una palabra.

Para ello deberemos tener cuidado en no cambiar el tema de nuestra lección hasta que el alumno no demuestre saberlo repetir correctamente, pues de lo contrario nos arriesgamos a crearle confusiones. Es más fácil que el periquito aprenda a repetir sonidos que oye en casa, como el goteo del agua de un grifo o el chirrido de una puerta. A modo de ilustración me gusta recordar el periquito de una compañera de escuela que había aprendido a imitar el chirrido del tirador de la puerta de la cocina. Incluso después de ser engrasado, el tirador siguió chirriando durante años: era *Lorita*, que se divertía burlándose de sus amos cada vez que ponían la mano en el dichoso tirador.

Ejemplar de opalino de ala clara

La reproducción

Los periquitos son pájaros que se han adaptado perfectamente a la vida en cautividad y llegan a reproducirse sin grandes problemas. Sin embargo, hay que seguir unas simples indicaciones para obtener resultados satisfactorios.

Ante todo hay que decir que, en su estado natural, la reproducción no va asociada a ninguna estación del año determinada, ni a la cantidad de luz, sino a la presencia de comida abundante; este hecho hace que los periquitos se reproduzcan en cualquier época del año. En cautividad, al ser la comida abundante, pueden reproducirse en los doce meses del año, pero el propietario, que ha de cuidar de su salud, no les permitirá más de tres nidadas.

Los sistemas de cría del periquito son dos: cría en colonia y cría en pareja.

La cría en colonia

Hemos visto que los periquitos son animales sociables y gregarios que nidifican en colonias; por tanto, este tipo de cría es el más natural. Es necesario disponer de una pajarera bastante grande para poder alojar numerosas parejas, teniendo la precaución de que el número de hembras no supere al de machos porque durante el período reproductor las hembras sin pareja pueden volverse muy agresivas hacia las que sí la tienen, destruyendo nidos, huevos y polluelos. Un número superior de machos no crea problemas: los que no tienen pareja mantienen la armonía de la colonia, ayudando incluso a espabilar a los pequeños.

El número de nidos de la pajarera ha de ser el doble del número de parejas. Los nidos se dispondrán a una cierta distancia entre sí para evitar las peleas entre las hembras; si ello no es posible, tendrán que estar separados por un panel de forma que las hembras no puedan verse.

Este tipo de cría puede dar muchas satisfacciones, pero presenta el inconveniente de no poder tener la certeza de la paternidad de los recién nacidos; los periquitos muestran un comportamiento monógamo, pero las escapadas extraconyugales son bastante frecuentes.

Poder disponer de una pajarera de este tipo, sacrificando parte de una habitación, significa gozar de la visión de una pequeña y feliz colonia en un hábitat reconstruido

Los ejemplares destinados a la reproducción han de estar sanos; por tanto, se descartarán los que, como el primero a la izquierda de la foto, dan señales de no estarlo

La cría en pareja

Con este tipo de cría se pueden perseguir fines de selección. Se utilizan las llamadas jaulas de cría (60 × 40 × 50 cm) y hay que procurar que las parejas puedan verse y oírse, pues de otra forma raramente llevarán a cabo la reproducción, precisamente por su característica de animales gregarios. Si sólo se dispone de una pareja, es mejor que sea adulta y que ya haya nidificado; además, el local en que colocaremos la jaula no debe ser demasiado tranquilo.

Los reproductores

Si queremos tener éxito, la elección de los reproductores es muy importante. Gracias a la cera de la parte superior del pico la distinción de los sexos no presenta grandes dificultades, aunque en algunas variedades la cera del macho es rosa y la de la hembra es muy indefinida.

Los reproductores han de ser adultos y haber cumplido por lo menos los 10 meses de edad, mucho mejor 12 o 14. Emparejarlos antes de esta edad sería muy perjudicial para su salud y, sobre todo, para su desarrollo físico. Cuando se formen las parejas hay que tener en cuenta que en los periquitos altamente seleccionados, los llamados de talla inglesa, el desarrollo corporal es más lento, por lo que hay que esperar algunos meses más.

Es evidente que la salud de los reproductores es de capital importancia y hay que excluir de la reproducción a los ejemplares que hayan sufrido enfermedades infecciosas, de las cuales podrían ser portadores.

Por lo menos un mes antes del inicio de la puesta hay que reunir a los elegidos para que tengan tiempo de conocerse y acostumbrarse al tipo de comida que utilizarán para alimentar a sus pequeños. Si ambos ejemplares demuestran no soportarse hay que tener un poco de paciencia y mantenerlos en la misma jaula, aunque separados por una rejilla para que puedan verse y oírse sin tener contacto directo. Si después de estas precauciones no se aceptan mutuamente, habrá que sustituir un miembro de la pareja.

El nido

En el mercado se encuentran nidos de madera en forma de caja estudiados expresamente para la cría de periquitos. Algunos son de desarrollo vertical y tienen un orificio en la parte superior frontal. El techo ha de ser practicable para poder inspeccionar su interior. Los mejores son los de desarrollo horizontal con una antesala para evitar que la hembra al entrar en el nido caiga encima de los huevos, con el consiguiente riesgo de rotura.

Los periquitos no necesitan material de relleno para el nido: como mucho, un poco de serrín en el fondo del nido para mantener el grado de humedad correcto para el desarrollo de los huevos.

Inicio de la cría

Como todos los pájaros de jaula y de pajarera criados en cautividad en nuestras casas, el periquito también ha de emparejarse en primavera, interrumpiendo la reproducción a la llegada del verano.

ELECCIÓN DE LOS REPRODUCTORES

- *Adultos de 10 a 12 meses de edad como mínimo.*
- *Sanos y no portadores de ninguna patología.*
- *Bien avenidos y domesticados.*
- *Acostumbrados previamente a la comida de cría.*

INICIO DE LA CRÍA EN LOS EJEMPLARES DE EXPOSICIÓN

Los criadores que suelen participar en las exposiciones ornitológicas con sus ejemplares se ven obligados a adelantar el inicio de la cría al período de octubre-noviembre para conseguir ejemplares completamente desarrollados y, por tanto, aptos para la competición. En efecto, el periquito muestra un desarrollo algo lento; si ha nacido en primavera, en la época de las exposiciones sólo tendrá 6-8 meses y resultará difícil que pueda competir con ventaja.

El acoplamiento

Para determinar si los reproductores están preparados, hay que prestar atención a su comportamiento. La hembra visita cada vez con más frecuencia el nido, dando los últimos toques al orificio de entrada con su pico. En cambio, el macho se muestra cada vez más inquieto y empieza a realizar una danza de cortejo que consiste en la realización de pequeños saltos y en dar pequeños picotazos a cualquier objeto, incluso al pico de su compañera. Durante el cortejo el gorjeo aumenta de intensidad, llegando incluso a ser molesto.

Una fase del acoplamiento

Prodigarse caricias y rascarse mutuamente detrás de la nuca son acciones que forman parte de este ritual que lleva a la hembra a agacharse alargando las alas cada vez que el macho se le acerca. Cuando la excitación alcanza su punto álgido tiene lugar el apareamiento, en el cual el macho se sube a la espalda de la hembra y se mantiene agarrado a ella con las uñas hundidas en su espeso plumaje. Mediante algunas acrobacias desplaza la cola de la hembra a un lado para permitir el contacto de ambas cloacas, de forma que el material espermático pueda fecundar los huevos.

El apareamiento dura pocos segundos, pero se repite numerosas veces, incluso una vez iniciada la puesta.

La puesta

Como ya hemos visto, la hembra inspecciona en seguida el nido y sus visitas se hacen más frecuentes al acercarse el momento de la puesta, que normalmente tiene lugar por la tarde.

Algunos días antes de la puesta del primer huevo la hembra puede pasar la noche en el nido, comportamiento que debemos interpretar como una muestra de que todo marcha correctamente.

Los huevos son blancos y redondos, y son puestos en días alternos; su número varía entre 2 y 12, con una media de 4-5 huevos por puesta.

PUESTA DEL PRIMER HUEVO

La proximidad de la puesta se hace evidente por la presencia en el fondo de la jaula de excrementos muy voluminosos. Esto se debe a que la hembra no defeca en el nido, sino que acumula los excrementos para librarse de ellos en sus breves salidas del nido.

INICIO DE LA PUESTA

Una semana después del acoplamiento, normalmente se produce la puesta del primer huevo. Algunas hembras, sobre todo las jóvenes en su primera puesta, pueden tardar incluso tres semanas; si transcurre más tiempo debemos pensar en que hay algo que no va bien.

Si no se quiere cansar demasiado a la hembra en el caso de una puesta abundante, se aconseja eliminar algún huevo hasta el número ideal de 4-5.

A diferencia de lo que se hace en el caso de otros pájaros granívoros, los huevos de los periquitos no han de ser sustituidos por huevos falsos para conseguir la eclosión simultánea. En esta especie la hembra alimenta los más pequeños con una secreción del buche que contiene

Interior de un nido con una puesta de seis huevos, superior al promedio

caseína y es llamada *leche de loro*, mientras que para los más crecidos utiliza comida previamente digerida. La hembra empieza la alimentación de sus polluelos por el último nacido y solamente cuando este se ha saciado se dirige al penúltimo, y así sucesivamente. Dado que la leche es más líquida y por tanto más fácil de regurgitar, los polluelos alimentados en primer lugar reciben una alimentación más adaptada a su aparato digestivo, mientras que los más crecidos reciben alimentos cada vez más sólidos. Si provocamos la eclosión simultánea de todos los huevos alteramos este proceso alimenticio, con graves consecuencias para el crecimiento de los polluelos, con riesgo de que mueran.

La incubación

La incubación se inicia unos tres días después de la deposición del primer huevo y tiene una duración de 19 a 23 días. Es una tarea encomendada únicamente a la hembra, que soporta apenas la presencia del macho en el nido. Durante todo el período de la incubación la hembra va girando los huevos para conseguir que el desarrollo embrionario sea uniforme.

INSPECCIÓN DE LOS HUEVOS

Una semana después de la puesta se puede proceder a la inspección de los huevos para comprobar su fertilización. Para esta operación hay que coger con delicadeza un huevo entre el índice y el pulgar y ponerlo frente a una fuente luminosa. En el caso de un huevo fecundado se podrá advertir, por transparencia, la presencia de un volumen oscuro; si el huevo es transparente, en cambio, quiere decir que la fertilización no ha tenido éxito.

Hembra incubando: durante más de 20 días se ocupará ella sola de esta tarea, tolerando mal la presencia del macho

Al aproximarse el momento de la eclosión hay que vigilar que la humedad ambiental, sobre todo la del nido, sea suficientemente alta para permitir la eclosión de los huevos. Una buena norma aconseja humedecer el serrín colocado en el nido para proporcionar el grado exacto de humedad.

La eclosión

En el momento de nacer los periquitos están completamente desnudos, incluso carecen del fino plumaje de los canarios, y tienen los ojos cerrados. Son, por tanto, muy sensibles al frío y hay que tocarlos lo menos posible, incluso para no poner nerviosa a la hembra. Su crecimiento es muy rápido y al cabo de sólo quince días los pequeños ya tienen el plumaje. En la alimentación de los recién nacidos participa solamente la hembra; el macho se ocupará de la nidada más adelante, en el momento de la salida del nido.

ALIMENTACIÓN DE LOS POLLUELOS

Cuando los recién nacidos son muy pequeños, para conseguir una ración de la madre se colocan sobre la espalda con el pico completamente abierto y piando suavemente. Una vez hayan crecido algo más, serán capaces de girar la cabeza para obtener la comida.

El anillado

Si se crían ejemplares con el fin de presentarlos a alguna exposición, es necesario estar inscrito en una de las federaciones ornitológicas españolas y anillar los ejemplares criados. Esta operación, absolutamente indolora, ha de realizarse a los 6-7 días de vida de los polluelos (véanse las indicaciones de la ilustración). Cuando el pájaro haya crecido, el

NO AYUDAR A LOS PEQUEÑOS A NACER

Si durante la rotura del huevo un polluelo tuviese dificultades en romper la cáscara para salir del huevo, no deberá caerse en la tentación de ayudarlo, pues con toda probabilidad la acción lo llevaría a una muerte segura. En efecto, únicamente la hembra puede ayudar a un pequeño en dificultades sin crearle traumas o heridas que pueden causarle la muerte. Además, si un polluelo es demasiado débil para salir espontáneamente del huevo, probablemente tendrá dificultades para crecer sano y robusto, y por tanto es mejor dejar que la madre naturaleza siga su curso.

anillo metálico de la pata no podrá salirse y será una especie de carnet de identidad del animal con datos importantes: año de nacimiento, número de orden, código *(stam)* del criador y federación a la que pertenece.

PROBLEMAS CON LAS ANILLAS

Podemos encontrarnos con hembras especialmente nerviosas que no acepten un cuerpo extraño (la anilla) en el interior del nido. Dado que en el intento de extraer la anilla de la pata del polluelo pueden provocarse serios daños, hay que usar métodos muy simples pero eficaces: basta con oscurecer la anilla o ensuciarla con heces para hacerla invisible.

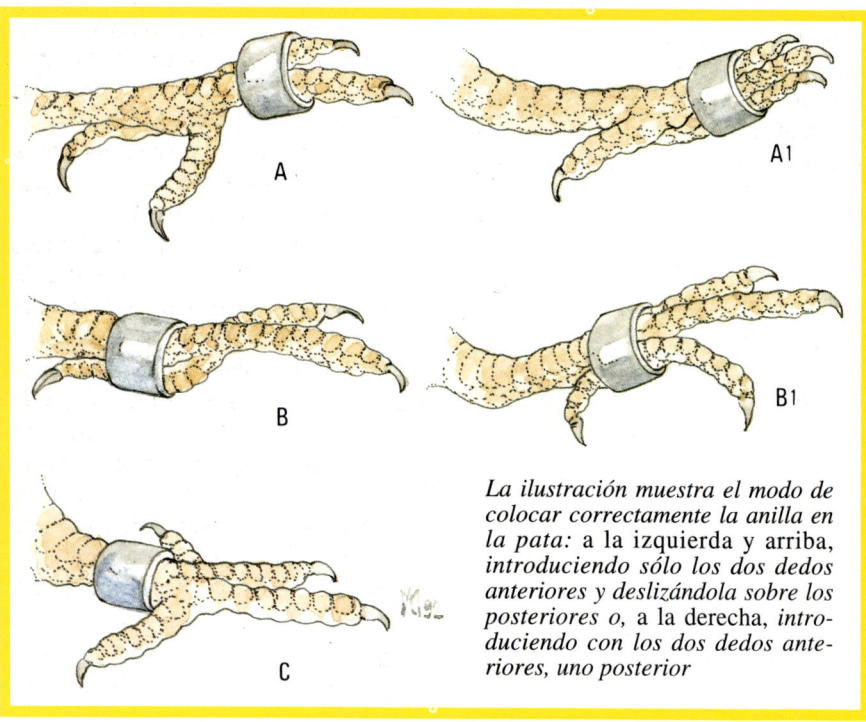

La ilustración muestra el modo de colocar correctamente la anilla en la pata: a la izquierda y arriba, *introduciendo sólo los dos dedos anteriores y deslizándola sobre los posteriores o,* a la derecha, *introduciendo con los dos dedos anteriores, uno posterior*

La salida del nido

Aunque en el momento del nacimiento carecen por completo de plumas y tienen los ojos cerrados, su crecimiento es muy rápido: a los 3-4 días nacen las primeras plumas y a los 8 días abren los ojos. A las 2-3 semanas el plumaje está casi completo, excepto la cola que es muy corta; el dibujo del manto quedará completo con el paso de las semanas.

Durante todo este período nuestro comportamiento ha de ser muy simple, dejando a los padres libres y tranquilos en el cumplimiento de sus funciones; un vistazo diario al nido es aconsejable para asegurarnos de que todo marcha bien. A la edad de cuatro semanas los polluelos salen del nido para realizar sus primeras visitas al mundo exterior;

> ***AYUDAR A LOS PEQUEÑOS A APRENDER MÁS RÁPIDAMENTE A COMER SOLOS***
>
> *Para ayudar a los pequeños en el delicado período en el que aprenden a alimentarse sin ayuda, es una buena norma colocar en el fondo de la jaula pequeños recipientes con la mezcla de semillas de forma que los polluelos llevados por la curiosidad, empiecen a picotear.*

este es el momento más delicado, porque los pequeños todavía no son capaces de alimentarse solos pero intentan independizarse. Durante un cierto tiempo, para dormir, siguen acudiendo al nido, pero muy pronto lo abandonan definitivamente para desarrollar su vida de adultos.

Durante este período es el macho el que se cuida de su alimentación, mientras que normalmente la hembra está pensando ya en una nueva nidada. Por este motivo, cuando los polluelos han salido del nido para no volver más es aconsejable sustituir el nido por otro nuevo y limpio.

Por fin, a la edad de seis semanas podemos considerar independientes a nuestros periquitos, que pueden ser separados de la jaula de sus padres y ser colocados en una jaula grande para que puedan moverse libremente y así crecer sanos y robustos.

> ***CÓMO CONTROLAR EL NIDO Y A LOS RECIÉN NACIDOS***
>
> *Para evitar molestar a la hembra durante los controles diarios del nido, esperaremos a que salga para comer y así podremos observar el interior del nido sin asustarla. Si esta operación no resulta fácil, se aconseja depositar en los comederos comida fresca y atractiva para provocar la salida de la hambrienta hembra del nido.*

Problemas durante la reproducción

Hemos descrito una reproducción normal y sin problemas, pero no siempre las cosas son tan sencillas. Pueden presentarse dificultades tanto en el momento de la puesta de los huevos como en el momento de la eclosión; puede morir uno de los padres o la hembra puede decidir abandonar la nidada. Para intentar resolver estos y muchos otros problemas, aconsejamos la lectura de las tablas adjuntas y las de las páginas 106 y 107 que ilustran de forma sintética y sencilla muchos de estos inconvenientes.

Durante la incubación la hembra no se olvida de ir girando los huevos

Jóvenes de distintas edades: los periquitos nacen desnudos y con los ojos cerrados, pero su crecimiento es muy rápido y después de tan sólo 15 días tienen el plumaje completo

LA CRÍA

problemas	causas	remedios
• Huevos por el suelo	• Hembra demasiado joven • El nido no es aceptado • El macho molesta a la hembra	• Esperar para la reproducción • Desplazar y sustituir el nido • Alejar al macho
• Huevos sin cáscara	• Carencia de calcio y sales minerales • Hembra demasiado joven	• Añadir calcio y sales minerales a la dieta • Esperar para la reproducción
• Falta de apertura	• Macho demasiado joven • Incompatibilidad de caracteres • Son dos hembras • Plumas de la cloaca demasiado largas • Apoyos inestables	• Esperar para la reproducción • Cambiar el macho • Cambiar uno de los dos sujetos • Cortar las plumas de la cloaca • Fijar mejor los apoyos
• Huevos fecundos (muerte embrional)	• Patología en curso (salmonelosis) • Taras genéticas letales • Incubación irregular por estar la hembra agitada • Abandono del nido • El macho molesta a la hembra	• Antibióticos y suspensión de la reproducción • Sustituir a uno de los dos reproductores • Proporcionar tranquilidad absoluta a la hembra • Suprimir todo motivo de curiosidad • Alejar al macho

problemas	*causas*	*remedios*
• Se comen los huevos	• Carencia de calcio y sales minerales • Vicio adquirido	• Añadir calcio y sales minerales • Eliminar de la reproducción al sujeto
• Abandono de la nidada	• Hembra demasiado joven • El macho molesta a la hembra • Hembra muy agitada • Vuelta al calor	• Esperar para la reproducción • Alejar al macho • Proporcionarle tranquilidad absoluta • Alejar al macho
• Muerte de la nidada	• Patología en curso • Abandono del nido • Muerte causada por el macho	• Antibiótico tras análisis de laboratorio • (Véase párrafo anterior) • Alejar al macho

En la pata de este recién nacido ha sido colocada la anilla de identificación, indispensable si se presenta a una exposición

VIDA REPRODUCTIVA DE LOS PERIQUITOS

Madurez sexual	*10-12 meses*
Acoplamiento	*primavera (eventualmente en invierno)*
Deposición	*una semana después del acoplamiento, por las tardes en días alternos*
Número de huevos	*2-12, normalmente 4-5*
Duración de la incubación	*19-23 días*
Nacimiento	*Sin plumas y con los ojos cerrados*
Las primeras plumas	*a los 3-4 días*
Apertura de los ojos	*a los 8 días*
Plumaje casi completo	*a las 2-3 semanas*
Primeras salidas del nido	*a las 4 semanas*
Emancipación	*a las 6 semanas*
Vida reproductiva	*6-7 años*

Las enfermedades

El periquito es un pájaro muy robusto y rústico que, si está bien alojado y alimentado, puede alcanzar la bonita edad de diez años sin problemas. Sin embargo, a veces se producen determinados acontecimientos a consecuencia de los cuales nuestro amigo enferma. Dadas sus reducidas dimensiones es mucho mejor prevenir que curar, y cuando no hay más remedio que acudir a las curas hay

*CÓMO RECONOCER
SI UN PERIQUITO
ESTÁ ENFERMO*

- *Escasa vivacidad: se queda en un rincón apartado de la jaula.*
- *Está inapetente o se muestra muy hambriento.*
- *Muestra una sed insaciable.*
- *Tiene las plumas arrugadas y las alas caídas.*
- *La respiración es ansiosa, ruidosa y con el pico abierto.*
- *Estornuda, tose o le gotea la nariz.*
- *Tiene los ojos medio cerrados, hinchados y brillantes.*
- *Las patas aparecen hinchadas y enrojecidas.*
- *Sus movimientos están faltos de coordinación.*
- *Permanece apelotonado con la cabeza bajo el ala.*
- *Tiene diarrea y las heces le ensucian la base de la cola.*
- *Tiene el vientre enrojecido, hinchado y duro.*
- *Tiene dificultades de evacuación: las heces son muy duras.*
- *Adelgaza rápidamente.*
- *Presenta una pérdida anormal de plumaje.*

Desgraciadamente, puede suceder que nuestro animal muera; llevar a analizar su cuerpo a un laboratoio servirá para descubrir las causas

que tener presente que en el caso de muchas enfermedades sólo obtendremos éxito si somos capaces de reconocer los síntomas en cuanto aparezcan. Muchas veces es necesario recurrir al veterinario o a un laboratorio de análisis para un diagnóstico correcto.

CÓMO LLEVAR A ANALIZAR UN PEQUEÑO CADÁVER

Si por desgracia nuestro animal muere y no hemos sido capaces de averiguar las causas, y si tenemos otros periquitos con riesgo de contagiarse, es aconsejable llevar el cadáver a un laboratorio especializado que, generalmente, se encuentra adscrito a alguna universidad. Para facilitar el diagnóstico del médico, es necesario que el animal recién muerto haya sido colocado en una pequeña bolsa de plástico y conservado en el frigorífico. Durante el traslado hay que evitar que el cuerpo del periquito aumente de temperatura, para lo cual se puede utilizar una cajita de poliestireno como las empleadas para los helados. En un papel estarán anotados los síntomas y las curas realizadas; sin embargo, si el animal ha tomado antibióticos el laboratorio de análisis no podrá diagnosticar nada, dado que nuestra cura habrá eliminado todos los microorganismos.

Higiene y enfermedades más frecuentes

En los capítulos anteriores hemos visto que la higiene es de importancia fundamental para la salud de los periquitos. La jaula y los accesorios han de limpiarse, lavarse y desinfectarse con regularidad para evitar el desarrollo de enfermedades. También es importante la higiene ambiental, porque muchos microbios se propagan por el aire. No hay que preocuparse en absoluto ante la idea de que el periquito nos pueda contagiar alguna enfermedad (por ejemplo, la sitacosis); cumpliendo las más elementales normas higiénicas, como lavarse las manos después de haber tocado a los animales, no corremos ningún riesgo.

Para hacer más sencilla la lectura, presentamos de forma esquemática las enfermedades más frecuentes que sufren los periquitos. Hay que tener en cuenta, que en caso de duda es siempre aconsejable la visita al veterinario.

LAS ENFERMEDADES MÁS FRECUENTES DEL PERIQUITO

	Coccidiosis
Síntomas:	*diarrea sanguinolenta, gran adelgazamiento, secreción de baba por el pico; muerte a los cuatro días de inicio de los síntomas*
Causas:	*ingestión de alimentos o agua contaminados por la saliva de animales enfermos*
Prevención:	*limpiezas y desinfecciones periódicas de la jaula y los complementos*
Cura:	*aislamiento, desinfección y visita al veterinario*

	Colibacilosis
Síntomas:	*somnolencia, inapetencia, diarrea verde sucio y disnea; muerte en el 50 % de los casos; transmisible al hombre*
Causas:	*ingestión de alimentos o líquidos contaminados*
Prevención:	*higiene meticulosa de la jaula y los complementos*
Cura:	*suministro de uno o dos miligramos de estreptomicina dos o tres veces al día durante 4 días*

	Inflamación intestinal o enteritis
Síntomas:	*apatía, somnolencia, diarrea, sed ardiente, falta de apetito, decaimiento, muerte*

Causas: Prevención: Cura:	*errores alimenticios, infecciones en general, parásitos* *prestar atención a los alimentos, que no deben estar estropeados* *suministro de un antibiótico tras el análisis de las heces*
Síntomas: Causas: Prevención: Cura:	**Muda anormal** *caída de las plumas fuera de la estación estival* *errores alimenticios, poca higiene* *alimentos frescos y variados, higiene de los alojamientos* *suministro de un polivitamínico en el agua*
Síntomas: Causas: Prevención: Cura:	**Parásitos externos: ácaro gris o rojo, piojos** *animal nervioso, se rasca continuamente, caída de plumas* *condiciones precarias de limpieza de la jaula y los accesorios* *limpieza meticulosa de los apoyos en los que se alojan los parásitos* *rociado periódico con insecticidas adecuados*
Síntomas: Causas: Prevención: Cura:	**Pulmonía** *malestar general, dificultades respiratorias, supuración de moco por la nariz, respiración con el pico abierto* *exposición a corrientes de aire* *situación adecuada de la jaula* *mucho calor, un antibiótico y vitaminas*
Síntomas: Causas: Prevención: Cura:	**Salmonelosis** *diarrea abundante y malestar general; muerte; puede transmitirse al hombre* *ingestión de agua o alimentos contaminados; contacto con portadores sanos como ratones, palomas, moscas, etc.* *máxima limpieza y alejamiento de animales no deseados* *tras el análisis de las heces, limpieza, calor, tranquilidad y un antibiótico de amplio espectro*
Síntomas:	**Gusanos intestinales: céstodos, ascárides y *capillaria*** *cansancio, somnolencia, adelgazamiento; pequeños fragmentos blancos en las heces; muerte por oclusión intestinal*

Causas: **Prevención:** **Cura:**	*poca limpieza* *limpieza meticulosa de la jaula y los accesorios* *suministro de un vermífugo*
	Difteria o diftero-viruela
Síntomas: **Causas:** **Prevención:** **Cura:**	*plumas opacas y arrugadas; diarrea abundante, dificultades respiratorias, con secreción de espuma por el pico; muerte* *contacto con alimentos o animales enfermos; altamente contagiosa* *limpieza y desinfección cuidadosas* *aislamiento total y llamada urgente al veterinario*
	Acariasis en las patas
Síntomas: **Causas:** **Prevención:** **Cura:**	*costras rugosas y grisáceas en las patas; deformación de las patas; muerte* *escasa limpieza del fondo de la jaula* *limpieza y desinfección de la jaula* *aplicación de una pomada acaricida; suministro de un polivitamínico*
	Acariasis respiratoria
Síntomas: **Causas:** **Prevención:** **Cura:**	*accesos asmáticos imprevistos, sobre todo por la noche; respiración fatigosa y silbante, tos y expulsión de moco por las fosas nasales* *escasa limpieza de la jaula y demás elementos, presencia de ácaros de varias especies* *limpieza de jaula y complementos* *rociar los pájaros afectados con una mezcla de acaricidas y antibióticos*
	Candidiasis
Síntomas: **Causas:** **Prevención:** **Cura:**	*dificultad en la deglución, mobilidad reducida, diarrea, vómitos; el buche y el esófago se recubren de una membrana amarillenta que impide la digestión; muerte* *ingestión de esporas de* Candida albicans *a través de los alimentos o el agua infectados* *en caso de sospecha, esterilizar la mezcla de semillas con yodo diluido en agua* *antibióticos asociados y antimicóticos*

	## Sitacosis
Síntomas:	*somnolencia, poco apetito, fuerte sed, fiebre, respiración irregular, catarro de ojos y nariz, pérdida del equilibrio; muerte en tres-cinco días con parálisis y convulsiones; se transmite al hombre*
Causas:	*contacto con animales portadores del virus*
Prevención:	*compra de ejemplares originarios de criaderos exentos, limpieza e higiene del ambiente*
Cura:	*aislamiento y suministro de tetraciclina con penicilina, desinfección de jaulas y accesorios; se aconseja quemar los cadáveres para que la enfermedad no se propague*
	## Muda francesa
Síntomas:	*pérdida de las remeras y las timoneras sin que el animal consiga completar el plumaje; afecta a los más jóvenes*
Causas:	*desconocidas*
Prevención:	*suministro de una dieta nutritiva, rica en vitaminas, proteínas y sales minerales*
Cura:	*puede ayudar un polivitamínico*

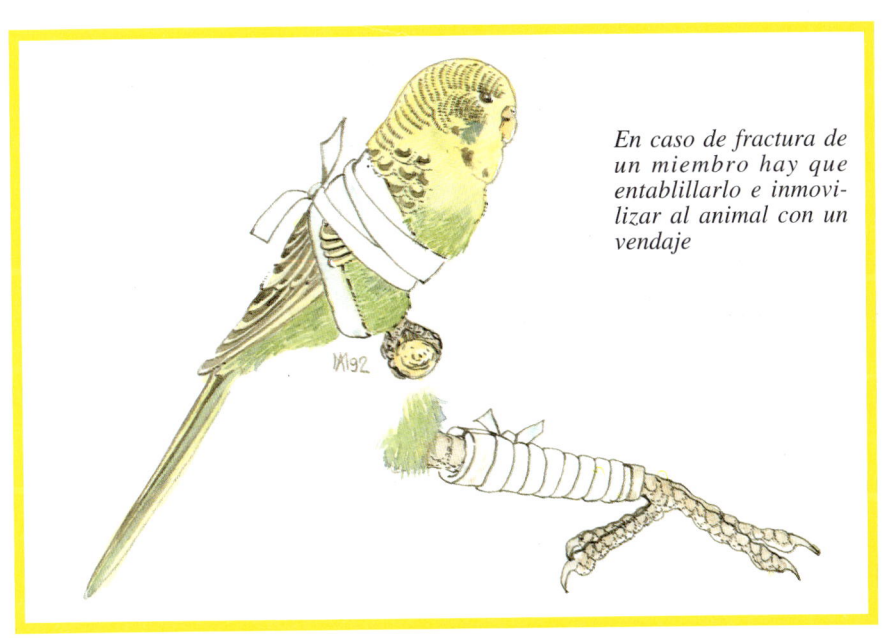

En caso de fractura de un miembro hay que entablillarlo e inmovilizar al animal con un vendaje

DESDE EL SÍNTOMA A LA CURA

Síntomas	Enfermedad	Cura
diarrea sanguinolenta, fuerte adelgazamiento, baba filamentosa, muerte	**Coccidiosis**	aislamiento, visita al veterinario, eliminación de los cadáveres
somnolencia, inapetencia, diarrea verdosa, muerte	**Colibacilosis** (transmisible al hombre)	1-2 mg de estreptomicina 2-3 veces al día durante cuatro días; eliminación de los cadáveres
apatía, somnolencia, sed ardiente, muerte	**Enteritis**	antibiótico tras el análisis de las heces
caída de las plumas durante todo el año	**Muda anormal**	polivitamínico en el agua
nerviosismo, prurito, caída de las plumas	**Ácaros, piojos**	antiparasitario aplicado a la jaula, a los accesorios y al animal
dificultades respiratorias, expulsión de moco por las fosas nasales, respiración con el pico abierto	**Pulmonía**	calor abundante, antibiótico, vitaminas
diarrea abundante, muerte	**Salmonelosis** (transmisible al hombre)	limpieza esmerada, calor, antibiótico de amplio espectro; eliminación de los cadáveres
somnolencia, adelgazamiento, pequeños fragmentos blancos en las heces, muerte	**Gusanos intestinales**	vermífugo
diarrea, dificultades respiratorias, salida de espuma por el pico, muerte	**Difteria o difteroviruela**	aislamiento total, intervención del veterinario, eliminación de los cadáveres
costras grisáceas en las patas, deformación de las patas	**Acariasis de las patas**	pomada acaricida, polivitamínico

Síntomas	Enfermedad	Cura
accesos asmáticos, dificultades respiratorias, tos, moco por la nariz	*Acariasis respiratoria*	nebulización con un acaricida y antibióticos
dificultades de deglución, buche y esófago recubiertos por una membrana amarillenta	*Candidiasis*	antibióticos asociados y antimicóticos
fiebre, respiración irregular, catarro de ojos y nariz, pérdida del equilibrio, parálisis y muerte	*Sitacosis* (transmisible al hombre)	aislamiento, tetraciclina, visita al veterinario, destrucción de los cadáveres
caída continuada de remeras y timoneras, imposibilidad de volar	*Muda francesa*	dieta variada, rica en vitaminas, proteínas y sales minerales, suministro de un polivitamínico

TERCERA PARTE

La genética

Cuando el abad Georg Mendel (1822-1884) fijó el nacimiento de la genética moderna en 1866 con sus famosos experimentos con guisantes, abrió una vía a un número infinito de experiencias para intentar entender cómo se transmiten las características de los individuos.

A menudo los criadores aficionados del periquito se preguntan cómo es posible obtener determinadas coloraciones del plumaje.

En este capítulo intentaremos aportar algunos datos interesantes sobre esta cuestión, aconsejando al lector que desee profundizar más en este tema que se dirija a textos más especializados.

La célula

La célula es, como todos sabemos, la unidad biológica básica en la cual se encuentran todas las informaciones vitales de los seres vivos y, por tanto, también de la herencia. Simplificando la estructura celular podemos decir que en su interior se encuentra el núcleo, en el cual están presentes dos series de partículas en forma de bastoncillo, los cromosomas.

Estos cromosomas son homólogos, lo cual significa que a cada cromosoma del primer grupo le corresponde uno idéntico del segundo. Además, en una misma especie su número es constante y al periquito le corresponden 23 pares.

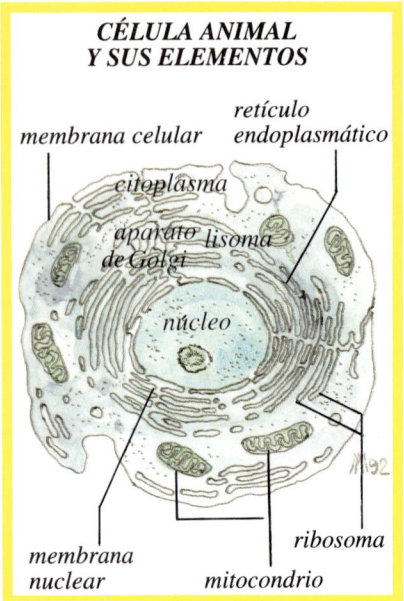

CÉLULA ANIMAL Y SUS ELEMENTOS

membrana celular — retículo endoplasmático — citoplasma — aparato de Golgi — lisoma — núcleo — membrana nuclear — ribosoma — mitocondrio

LOS CROMOSOMAS SEXUALES

Hemos dicho que los cromosomas son homólogos o, lo que es lo mismo, iguales por parejas, pero esta afirmación es parcialmente falsa porque los cromosomas que forman el último par, los que determinan el sexo, pueden ser distintos. En los pájaros, el macho se caracteriza por tener dos cromosomas iguales X y X, en tanto que la hembra los tiene distintos: uno grande X y uno pequeño Y. Esta característica es importante para la herencia de algunos factores llamados ligados al sexo *que veremos más adelante.*

Las células responsables de la reproducción, llamadas gametos, gracias a la meosis son células haploides, es decir, con una sola serie de cromosomas. Cuando durante la cópula se produce la unión de un gameto masculino (espermatozoide) con uno femenino (óvulo), se forma una doble célula fecundada (célula diploide) que dará origen a un nuevo individuo.

La herencia

Antes de iniciar nuestro breve viaje por el vasto mundo de la genética, será bueno fijarse por un momento en algunos términos que encontraremos con frecuencia en este y en los próximos capítulos.

EL GENOTIPO

Con este término se indica el patrimonio genético de un individuo, o sea, lo que existe aunque no se vea.

EL FENOTIPO

Indica el aspecto exterior del sujeto, es decir, lo que aparece visible: talla, forma, posición, dibujo, color. Puede depender del ambiente, entendiendo como tal la iluminación, la alimentación, la temperatura, la humedad y otros factores.

Ejemplar de periquito azul común

COLORACIONES POSIBLES

Si el macho es verde y la hembra azul, y ambos son homocigotos, tendremos:

macho verde homocigoto × **hembra azul homozigota** = **descendencia**

gametos masculinos:	gametos femeninos:	
1) verde	2) azul	1-2 verde/azul
3) verde	4) azul	1-4 verde/azul
		3-2 verde/azul
		3-4 verde/azul

Esto significa que todos los jóvenes serán de color verde y portadores del factor azul. Si se aparean entre sí estos portadores, tendremos:

macho verde/azul × **hembra verde/azul** = **descendencia**

gametos masculinos:	gametos femeninos	
1) verde	2) verde	1-2 verde/verde = verde homocigoto
3) azul	4) azul	1-4 verde/azul
		3-2 verde/azul
		3-4 azul/azul = azul homocigoto

El 25 % de los jóvenes será verde homocigoto, el 50 % verde portador de azul y el otro 25 % restante será azul homocigoto.

Para terminar, veamos qué sucede si se aparean un verde portador de azul y un azul homocigoto:

macho verde/azul × **hembra azul homocigota** = **descendencia**

gametos masculinos:	gametos femeninos:	
1) verde	2) azul	1-2 verde/azul
3) azul	4) azul	1-4 verde/azul
		3-2 azul/azul = azul homocigoto
		3-4 azul/azul = azul homocigoto

En este caso los jóvenes serán en un 50 % verdes portadores de azul y en un 50 % azules homocigotos.

> **EL PORTADOR**
>
> *Es un ejemplar dotado visiblemente (fenotipo) de un cierto aspecto exterior, pero que posee en su patrimonio genético (genotipo) otros factores no visibles. Si se aparean dos portadores del mismo factor, este se hará visible, porque es homocigoto.*

Principales formas de transmisión hereditaria

Existen cuatro tipos diferentes de transmisión hereditaria, a saber:

— dominante
— recesiva
— intermedia
— ligada al sexo

Todas estas formas son fundamentales porque regulan la transmisión de caracteres tan importantes como, por ejemplo, el color.

Lo primero que hay que establecer cuando se emparejan ejemplares para obtener determinadas coloraciones de plumaje es si un periquito, respecto a un determinado carácter, es homocigoto o heterocigoto. En el primer caso ambos alelos de un mismo carácter son iguales, mientras que en el segundo sus correspondientes contienen genes diferentes. En este caso el fenotipo vendrá determinado por el gen más fuerte, que inhibirá al más débil; este último estará presente de forma latente y será heredado por la descendencia.

Para entender mejor todo lo dicho hasta aquí pongamos el ejemplo del cruce de un periquito verde y otro azul, ambos homocigotos en cuanto al color. En genética se acostumbra a nombrar en primer lugar el factor visible y después del signo «/» los posibles factores latentes (véase la tabla adjunta).

• **Dominante:** este carácter inhibe completamente la manifestación de otros factores, que quedan escondidos; aparece en los ejemplares de la primera generación.
• **Recesivo:** se trata de un factor que permanece escondido y que para manifestarse ha de estar presente tanto en el padre (puede ser homocigoto puro o portador) como en la madre. En este caso lo heredan todos los hijos, tanto machos como hembras.
• **Intermedio:** se da cuando distintos caracteres se encuentran juntos en la prole.
• **Ligado al sexo:** se trata de aquellos caracteres determinados por los genes que se colocan en el cromosoma sexual **X** y, por tanto, son transmitidos junto al sexo de los hijos. Este factor se hace visible sólo si está presente en los cromosomas del padre, que puede ser homocigoto puro o portador, y de la madre; en

Bonito ejemplar común gris verde

este caso será transmitido a toda la prole femenina. En cambio, si sólo está presente en la madre, esta lo transmitirá al genotipo de los machos, que serán portadores.

Hay que decir en este punto que en la naturaleza no existe el dominante absoluto; existen caracteres con formas dominantes incompletas que pueden comportarse como dominantes absolutas frente a algunos factores, ser recesivas respecto a otros y al mismo tiempo asumir un comportamiento intermedio frente a otras variedades.

El ópalo canela es un factor ligado al sexo

> **UN CASO DOMINANTE INCOMPLETO**
>
> *El color verde común es dominante respecto a muchas variedades de color; el gris o el violeta asumen un comportamiento intermedio; y los colores de las manchas ocasionales son recesivos.*

Genes letales y subletales

Antes de dar por acabado nuestro viaje por el mundo de la genética creo que será útil hablar de estos genes, que pueden crear grandes disgustos a un criador cuando aparecen en algunos apareamientos.

Son genes que, debido a mutaciones de distinto tipo, han sufrido alteraciones tan profundas que interfieren en el metabolismo celular normal de los individuos que los heredan. Cuando estos genes provocan la muerte del feto reciben el nombre de *letales*; son *subletales* los que provocan el nacimiento de ejemplares con poca vitalidad y destinados a morir antes de su completo desarrollo.

En los periquitos ha sido detectada la presencia de un gen subletal asociado a la mutación, que determina un plumaje filamentoso que recuerda mucho el de los gallos japoneses, caracterizados por el desarrollo anormal del plumaje, sobre todo el de la cola. Afortunadamente esta mutación aparece sólo esporádicamente, sobre todo en criaderos de grandes dimensiones, y provoca una escasa vitalidad de los jóvenes, que generalmente mueren a la edad de 5-6 meses.

Arriba, *un ala gris verde, color recesivo.* En la página de al lado, *un ejemplar de lutino*

Perfil de las principales variedades de color

Antes de hablar de las principales variedades de color que se pueden encontrar en el mercado, será bueno conocer cómo se origina el color en los periquitos. De esta forma entenderemos mejor las numerosas coloraciones de plumaje de estos simpáticos pájaros, puesto que muchas veces es la suma de colores distintos la que crea las nuevas tonalidades.

El origen del color

Dado que la coloración de las plumas del periquito viene determinada esencialmente por las barbas y las bárbulas, veamos brevemente cómo está formada una pluma.

Tenemos un tallo central del cual parte una doble fila de barbas, filamentos muy finos unidos por las bárbulas, que son a su vez filamentos más pequeños. Tanto las barbas como las bárbulas están provistas de unos ganchos en su extremo mediante los cuales se unen a la barba o bárbula adyacente.

> **CUIDADO DEL PLUMAJE**
>
> *Cuando un pájaro se alisa el plumaje pasando las plumas por el pico, no hace otra cosa que unir las barbas y bárbulas entre sí para recomponer la necesaria unión de las plumas.*

PLUMA DE PERIQUITO

1. Vexilo o estandarte exterior; 2. Vexilo o estandarte interior; 3. Barbas; 4. Bárbulas; 5. Raquis accesorio; 6. Ombligo superior; 7. Poro; 8. Folículo; 9. Ombligo superior; 10-13. Escapo; 10. Cálamo; 11. Epidermis; 12. Barbas separadas; 13. Raquis

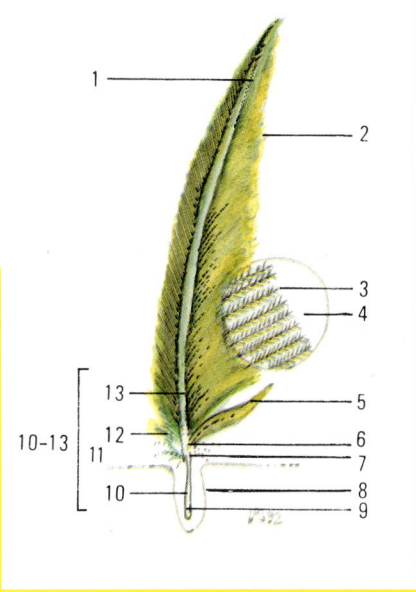

Si examinamos una barba al microscopio puede observarse que está formada por tres anillos concéntricos de forma y estructura variables.

El **anillo externo**, llamado también *corteza*, puede contener dos tipos distintos de pigmento: uno oscuro llamado *melanina* y uno amarillo llamado *sitacina*. A su vez, la melanina está formada por melanoblastos originados gracias a la presencia de una enzima, la *tirosina*, que favorce un proceso de oxidación.

Gracias a unas mutaciones de los genes que regulan la síntesis de la tirosina se puede tener una alteración total o parcial en la producción de la melanina. Dado que la melanina es la responsable de la formación del tono oscuro, típico en los periquitos (puntos del cuello, ondulaciones, remeras y timoneras), se puede explicar fácilmente la existencia de dibujos más o menos diluidos, rotos o completamente ausentes.

La sitacina, en cambio, es un pigmento amarillo de origen todavía no aclarado, que a su vez puede presentarse de forma totalmente oxidada, ausente o en varios grados de dilución.

El **anillo central** es un estrato poroso constituido por un conjunto de canales minúsculos que le confieren un aspecto esponjoso. No contiene ningún tipo de pigmento, pero los minúsculos canales de que está formado reflejan el azul y el violeta.

Tenemos por fin el **anillo interno**, llamado también *medular*, que puede contener melanina.

Simplificando al máximo, podemos decir que el color de un cuerpo cualquiera depende de la relación entre la cantidad de luz absorbida y la reflejada. Así pues, según la can-

Ópalo gris verde con las marcas del plumaje muy evidentes

tidad y la calidad de melanina y sitacina presentes en las barbas tendremos diferentes grados de absorción y reflexión de la luz, y por tanto distintas coloraciones del plumaje de los periquitos.

La tonalidad del color

También el estrato poroso, el segundo, incide en el color del plumaje o

EJEMPLOS DE MUTACIÓN DEL COLOR

Si, por ejemplo, se bloquea totalmente la producción de sitacina (pigmento amarillo) tendremos la mutación azul, en la cual todas las partes del plumaje que normalmente son amarillas aparecen blancas,

en la formación de colores más o menos claros.

En otras palabras: si el estrato poroso es ancho, refleja una buena cantidad de luz y obtendremos una tonalidad clara; en cambio, si el estrato poroso, debido a una serie de mutaciones, disminuye de espesor, entonces la luz pasa al interior y es menor la cantidad reflejada, por lo que de esta forma se obtendrá un oscurecimiento proporcional del plumaje. A partir de lo dicho hasta ahora puede afirmarse que cada **variedad de color** puede tener tres tonalidades distintas: **clara, media** y **oscura**. La transmisión hereditaria de la tonalidad del color sigue el esquema siguiente:

claro × claro = 100 % claro
claro × medio = 50 % claro, 50 % medio
claro × oscuro = 100 % medio
medio × medio = 25 % claro, 25 % oscuro, 50 % medio
medio × oscuro = 50 % medio, 50 % oscuro
oscuro × oscuro = 100 % oscuro

Los comunes

En esta categoría se encuentran todas las variedades de color que mantienen inalterado el dibujo característico de la especie. En la práctica se trata de los colores verde, azul, gris, violeta, pizarra (excluido de nuestras consideraciones por su rareza), opalino y canela.

mientras que las normalmente verdes serán azules. Si, por el contrario, se inhibe la producción de la melanina, desaparecerán totalmente las tonalidades oscuras, que serán sustituidas por una tonalidad blanca, el plumaje será totalmente amarillo y tendremos la variedad lutino.

El verde

Es el color más afín a la forma silvestre y tiene las tres tonalidades de color verde claro (de un bonito verde brillante), verde oscuro (color laurel oscuro) y verde oliva (verde oliva fuerte).

La máscara es amarilla, ancha y bien definida, lo mismo que los seis puntos negros del cuello.

Las ondulaciones características han de estar definidas, paralelas y ser de un bello color negro. El ojo es negro con el iris claro; las patas son azuladas; la cera es azul en los machos y marrón en las hembras.

Mientras que la tonalidad clara es la más afín a la silvestre, las otras dos tonalidades nacieron alrededor de los años 1915-1916 gracias a mutaciones.

Genéticamente es dominante. El verde claro, que es el que ha conservado el aspecto de la forma silvestre, no necesita apareamientos especiales y se aconseja obtenerlo puro. El apareamiento ideal para obtener buenos ejemplares de color verde oscuro es verde claro × verde oliva.

Sin embargo, es difícil conseguir ejemplares verde oliva de un buen nivel y por tanto ha de recurrirse a otros acoplamientos, como verde claro × verde oscuro y verde oscuro × verde oscuro. También puede usarse el gris-verde para crear buenos verde oliva: gris-verde oscuro × verde oscuro y gris-verde oscuro × verde oliva.

El azul

Es un color bastante raro entre los ejemplares de cría, pero ha sido una de las primeras mutaciones aparecidas entre los periquitos. Se encuentra como azul cielo (azul cielo brillante), cobalto (azul cobalto fuerte) y malva (azul malva con reflejos rosados). Cuando apareció el color azul cielo en Alemania y Bélgica, alrededor del año 1880, suscitó un gran interés, pero se necesitaron unos treinta años para que esta mutación se difundiera en toda Europa. Las dos tonalidades restantes se remontan en cambio al año 1921 y aparecieron por primera vez en Francia.

La descripción del plumaje es muy similar a la de los verdes, a excepción de la máscara y el color de fondo del dibujo, que son blancos.

El comportamiento genético de este color es recesivo. Para obtener buenos ejemplares de color azul cielo se aconseja emparejarlos frecuentemente con animales verde/claro/azul para mejorar la tonalidad del color.

Los ejemplares color cobalto son los de la línea azul que menos problemas dan en lo que se refiere a la talla y la forma de la cabeza. Para mejorar la tonalidad del color, el acoplamiento aconsejado es azul cielo × malva, del cual se obtienen crías de color cobalto con una buena gradación de color.

El malva, lo mismo que el verde oliva, presenta una cierta dificultad en conseguir ejemplares morfológicamente válidos. El acoplamiento ideal es verde/oliva/azul × malva, pero muchas veces hemos de conformarnos con cobalto × cobalto, que ofrece como resultado un 25 % de crías malva.

El gris

Aparecido en 1934, el gris no es exactamente un color, sino un factor que se suma a la tonalidad de color en la que está presente, alterándola. El tipo continúa siendo el de la variedad en la que está presente a excepción de las manchas de la cara, que de violetas se convierten en grises, y las timoneras, que pierden los tonos azules quedando de un bonito negro oscuro.

Siendo un color que se suma a otro ya existente tendremos el gris/verde y el gris/azul, por lo que no es necesaria su descripción y aconsejamos leer la de la variedad correspondiente. Los gris/verde tienen la tonalidad verde (mostaza) claro, media u oscura, mientras que los gris/azul son gris claro (gris perla), gris medio (color gris humo) y gris oscuro (gris plomo oscuro).

El comportamiento genético es dominante y los acoplamientos aconsejados son: gris/verde medio × gris/verde medio, o bien gris/verde medio × gris/verde oscuro. El gris/verde se utiliza frecuentemente para mejorar otras variedades de color. También en el caso del gris/azul se aconseja el acoplamiento puro, o entre gris/azul medio y gris/azul oscuro. Para mejorar la tonalidad de color algunas veces se acoplan gris/verde/azul × gris.

El violeta

Se trata de una variedad bastante reciente, de hace unos cuarenta años, y, como el gris, no es un verdadero color, sino un factor que altera la tonalidad de color de la variedad en la que se encuentra. Procede de una mutación del cobalto y solamente unido a este color es ópticamente bien visible; puede estar presente en todos los tipos y variedades de color pero sólo un ojo experto puede apreciar la diferencia.

En la serie de los verdes distinguimos el verde/violeta fuerte, que tiene un color verde/oscuro, el verde/violeta oscuro, que es de color verde oliva, y el verde/violeta oliva, con el cuerpo oliva fuerte. Estas tres tonalidades, como hemos visto, tienen el plumaje verde con ligeros matices amarillos.

Los azul/violeta en cambio, son violeta/azul con el cuerpo cobalto con reflejos color rosa más o menos marcados, violeta/cobalto de color violeta fuerte con reflejos púrpura y violeta/malva con el plumaje malva fuerte y matices rosados.

Hemos visto que solamente el violeta/cobalto se distingue bastante fácilmente de uno normal; de hecho, a efectos de exposición sólo se reconocen los que son presentados con el nombre genérico de «violeta»; los demás son útiles para la reproducción a fin de obtener buenos violetas. Emparejando, por ejemplo, un violeta/malva y un azul cielo se obtendrán buenos violetas portadores de cobalto. Otro acoplamiento muy válido consiste en unir violeta/malva y violeta/azul para obtener hijos violetas. Genéticamente el violeta es dominante sobre todos los colores, pero no se trata de un dominante completo.

El opalino

Esta variedad se originó en Australia en 1932 y más tarde apareció espontáneamente también en Europa. Existen opalinos de todas las variedades de color porque se suma a las coloraciones que hemos visto, mutándolas. A primera vista los ejemplares opalinos son difíciles de distinguir de los normales, pero con una observación más atenta se puede apreciar que la máscara se extiende por toda la cabeza y que las ondulaciones características son menos extendidas. Esto es debido al hecho de que el factor opalino provoca una eliminación parcial de la melanina en algunas partes del cuerpo. Son característicos los puntos negros del cuello, muy grandes y bien definidos.

Las tonalidades de color son las mismas de las correspondientes variedades en las que el factor opalino está inmerso.

En cuanto al comportamiento genético, hay que decir que el factor opalino está ligado al sexo y que, por tanto, para obtener con certeza ejemplares opalinos hay que trabajar con ejemplares puros o acoplar un macho portador con una hembra pura. Un defecto muy frecuente en estos ejemplares consiste en los puntos del cuello, demasiado grandes y muy numerosos, que llegan a formar casi un collar. Por otra parte, los opalinos son utilizados para aumentar el tamaño de los puntos del cuello de las cepas que carecen de ellos.

Para obtener buenos ejemplares opalinos no existen acoplamientos privilegiados, ya que su nacimiento es bastante casual; muchas veces los mejores opalinos se obtienen emparejando un opalino y un ejemplar común portador de opalino.

El canela

Esta variedad, muy apreciada sobre todo por la calidad de su plumaje —es muy fino y confiere al manto del periquito un aspecto sedoso y brillante—, se originó en Inglaterra en 1931. Existen canelas en todas las series de color que tienen un matiz de tinta menos cargado que la variedad común, aparte de presentar las marcas color moreno/canela. Se confunden fácilmente con los ala/gris, pero bastará observar las marcas de las alas, que han de tener una cálida tonalidad morena, para poder distinguir los buenos canela de los demás.

Otra característica la constituye el ojo, de color rojizo y con el iris claro. En los pequeños el color de los ojos es muy rojo y en los recién nacidos el párpado es pálido, siendo casi negro en los ejemplares comunes. Al crecer, el color de los ojos se oscurece hasta llegar al rojizo de los adultos.

Genéticamente el canela está ligado al sexo y el apareamiento no precisa especiales precauciones para conseguir buenos ejemplares. Gracias a la calidad sedosa de su plumaje, se utiliza muchas veces para mejorar ejemplares que presentan un plumaje tosco y descompuesto. Se obtienen óptimos resultados cruzándolo con el gris o el opalino, mientras que son irrelevantes los efectos adicionales con los tipos ya diluidos, como el de ala de encaje y el flavo.

Los diluidos

Bajo esta denominación genérica se conocen los ejemplares que se distinguen por un grado variable de disolución de la melanina y el color lipocrómico. Todos los diluidos se caracterizan por un factor común: la dilución melánica y la lipocrómica coinciden; cuanto más marcado es el dibujo, más brillante es el color y viceversa. Ha de ser muy evidente el contraste alas/cuerpo

El ala clara

Las alas de estos ejemplares son amarillas o blancas, con marcas gris claro; la coloración es brillante, las timoneras centrales son azules y las marcas de la mejilla violetas. Estas marcas son grises en los ala clara de factor gris. La tonalidad de color es apenas algo más clara de aquella en la que el factor está inmerso.

El comportamiento genético es recesivo. Para obtener ejemplares de un cierto valor competitivo se aconseja el acoplamiento de portador común × portador común, o bien portador común × ala clara puro; acoplando en pureza, se obtienen en cambio varios descendientes morfológicamente carentes.

El ala gris

Los puntos del cuello y las ondulaciones son de color gris humo, la coloración es opaca, desteñida, y las manchas de la cara de color violeta pálido; en los sujetos de factor gris las manchas de la cara son en cambio gris ceniza.

También el ala gris presenta con frecuencia carencias morfológicas que desaconsejan su reproducción en pureza, mientras que se encuentran ventajas en el acoplamiento ala gris × portador común.

El factor INO

Es característica de esta mutación la desaparición completa de la melanina negra del plumaje, lo cual determina la coloración amarilla de las zonas del cuerpo normalmente verdes, mientras que las azules se transforman en blancas.

El lutino

de unión para no aumentar el riesgo de ver aparecer las manchas indeseadas.

Esta es una de las variedades más buscadas. Surgió en 1936 a raíz de unas mutaciones. El lutino es un periquito totalmente amarillo, con los ojos rojos y el iris claro, en el cual la desaparición de la melanina ha eliminado toda traza de dibujo; las manchas de la cara, las alas y la cola son blancas, mientras que las patas son de color carne. Además, la cera de los machos es rosa. Entre las tonalidades de color se distinguen el claro (amarillo paja), el medio (amarillo ranúnculo) y el oscuro (amarillo oro).

Genéticamente está ligado al sexo y el mejor apareamiento es puro × puro, preferible a lutino oscuro × lutino medio. El peor defecto que se puede encontrar en los lutinos es la presencia de trazas de dibujo en las alas y matices verdosos en el vientre. Para evitar que esto suceda, se desaconseja el apareamiento con otros tipos que no sean lutino. Si con el paso del tiempo se observa una disminución de la talla o del tamaño de la cabeza, se procederá al apareamiento con un verde óptimo, mucho mejor si es opalino de tono oscuro; no deberá insistirse demasiado en este tipo

El albino

La aparición de esta variedad fue casi contemporánea a la del lutino, del cual se diferencia por ser un animal completamente blanco puro en lugar de amarillo; también en este caso los ojos son rojos. En cambio, no pueden distinguirse las tonalidades de color.

Nuevamente se trata de una mutación ligada al sexo que presenta los mismos defectos que el lutino, con la única diferencia de que los matices indeseables son azules en lugar de verdes. Los apareamientos aconsejados para obtener albinos de buena calidad son macho albino × hembra gris o macho gris/INO × hembra albina.

Los albinos muchas veces no tienen una buena estructura de plumaje, que se presenta áspero y falto de brillo. Entonces es muy oportuno el apareamiento con el canela, que en cambio posee un plumaje sedoso y brillante.

El marfil

Con la introducción del factor cara amarilla en el albino se obtienen ejemplares de una variedad llamada marfil, que se distingue por un matiz amarillo marfil ligero y uniforme. La mejor forma de obtener estos ejemplares es apareando una hembra de cara amarilla con un macho albino. De este modo se obtienen hembras marfil en la primera generación, pero para conseguir obtener ejemplares marfil típicos y con óptimas características morfológicas hay que armarse de mucha paciencia y constancia, porque muchas veces los matices son muy variables y poco uniformes.

El ala de encaje

Es un factor que actúa de forma parecida al factor INO, pero su acción es más débil y por tanto la ausencia de la melanina del plumaje no es completa, sino sólo parcial; en cada una de las plumas, provistas normalmente de dibujo, deja un núcleo central formado por melanina diluida de color moreno. El efecto de esta acción es bastante agradable y proporciona una coloración general del cuerpo amarilla o blanca, con un dibujo formado por ligeras marcas redondeadas, discontinuas y simétricas de color moreno. En estos ejemplares los ojos son rojos y la cera de los machos es rosa. Pueden distinguirse las tonalidades clara, media y oscura, pero sólo en la serie amarilla.

Se trata de una mutación ligada al sexo y aparecida en 1950. Se aconseja la formación de las parejas según lo sugerido para el caso de los albinos, usando abundantemente el gris y el gris/verde.

El factor ala de encaje se puede insertar en todos los tipos, de los cuales tomará parte de la forma de las marcas.

El ala perlada

Se trata también de una mutación muy reciente y aún no muy difundida. En este caso las manchas de las alas tienen el núcleo central sin color y conservan solamente un delgado borde oxidado. También las manchas del cuello carecen en el centro de melanina, mientras que el color general es brillante. El dibujo debido a la melanina está constituido por una serie de orlas oscuras con el centro claro, blanco o amarillo. Es un factor dominante, pero dado su reciente descubrimiento todavía no pueden aconsejarse determinados acoplamientos.

Los píos o arlequines

Se trata de una mutación aparecida en los años 40. Pueden ser dominantes o recesivos y su distinción es posible solamente observando el color de los ojos: si ambos ojos son oscuros, nos encontramos frente a un ejemplar recesivo, mientras que si sólo es oscuro uno de los ojos, pero con el iris claro, se trata de un dominante.

El cara amarilla

Variedad debida a una mutación que tuvo lugar alrededor del año 1935. Con este factor se puede mantener la máscara amarilla incluso en los ejemplares pertenecientes a la serie blanca. Evidentemente, su posible presencia en la serie amarilla no es visible ópticamente.

Existen dos variedades, llamadas del primer y del segundo tipo. En el primer tipo el amarillo se limita a la máscara y a las plumas de debajo de la cola; se notan intromisiones de color amarillo que deberían aparecer sólo en las remeras, pero que frecuentemente se advierten en todo el cuerpo. El cara amarilla del primer tipo es preferible como ejemplar de exposición gracias a la pureza del color del plumaje en conjunto. Se trata de un factor generalmente dominante, pero que a veces se comporta como recesivo. En otras palabras: si acoplamos un azul cara amarilla × azul obtendremos correctamente descendientes con máscara blanca o amarilla. Sin embargo, muchas veces se ha dado el caso de parejas de azul comunes, emparejados en pureza, que han originado ejemplares de cara amarilla; este hecho haría suponer que estamos frente a un carácter recesivo del que eran portadores

ambos padres del fenotipo. Para explicar esta anomalía se han formulado numerosas hipótesis, sin que se haya conseguido todavía desvelar el misterio. Una de las hipótesis se basa en la presencia de dos factores de cara amarilla (uno dominante y uno recesivo) muy difíciles de distinguir; otra, en cambio, considera esta mutación esporádica y todavía no fijada.

Los píos o arlequines asimétricos

Presentan coloración de plumaje amarilla o blanca, con zonas irregulares de color distinto; la máscara es incompleta y muestra un número variable de puntos. Evidentemente, las manchas no son simétricas.

Para esta variedad no se aconseja el apareamiento en pureza, porque se obtienen pequeños con zonas demasiado extendidas o demasiado reducidas. Hay que evitar en cualquier caso la unión entre simétricos y asimétricos, mientras que es aconsejable, para los arlequines dominantes, la unión entre arlequines y no arlequines, y para los de carácter recesivo el apareamiento con el gris y el gris/verde.

Los píos o arlequines simétricos

Tienen color oscuro, con pocas zonas simétricas claras que se reducen a la nuca, las alas, el pecho y la cola. Partiendo de la combinación de las zonas de color se distinguen en: simétricos con banda (tienen máscara completa, incluidos los puntos del cuello, un topo claro en la nuca y una franja clara y bien delimitada en el pecho), simétricos con topo (parecidos a los anteriores, pero con zonas claras limitadas al topo de la nuca, a las remeras y a las timoneras) y simétricos de remeras claras (la zona clara se limita únicamente a las siete remeras primarias).

La selección

Tarde o temprano, quien disfruta con la cría de los periquitos tiene el deseo de seleccionarlos para obtener determinadas características. En los capítulos anteriores hemos visto cómo se comportan los genes en la transmisión de la herencia y también que existen caracteres fenotípicos y otros genotípicos; los primeros son externos, visibles, como la talla, la forma del cuerpo, la posición, el dibujo y el color, mientras que los segundos están formados por el conjunto del patrimonio genético del individuo y generalmente son invisibles.

Muchas veces, quien frecuenta exposiciones ornitológicas ve ejemplares que le llaman la atención e intenta reproducirlos en su criadero, comprando quizá con este motivo algunos ejemplares a algún criador experto. Para obtener algún resultado se puede proceder al apareamiento fenotípico o genotípico, que provoca una estrecha consanguinidad.

El apareamiento fenotípico

Mediante este tipo de apareamiento se realiza una selección visible o que sólo tiene en cuenta los caracteres visibles y no los que están contenidos en el genotipo del individuo. Muchas veces se parte de la convicción equivocada de que semejante genera semejante o de que de una pareja muy bella sólo pueden nacer ejemplares muy bellos. Desgraciadamente, las leyes de la genética

ESTÁNDAR OFICIAL DEL PERIQUITO

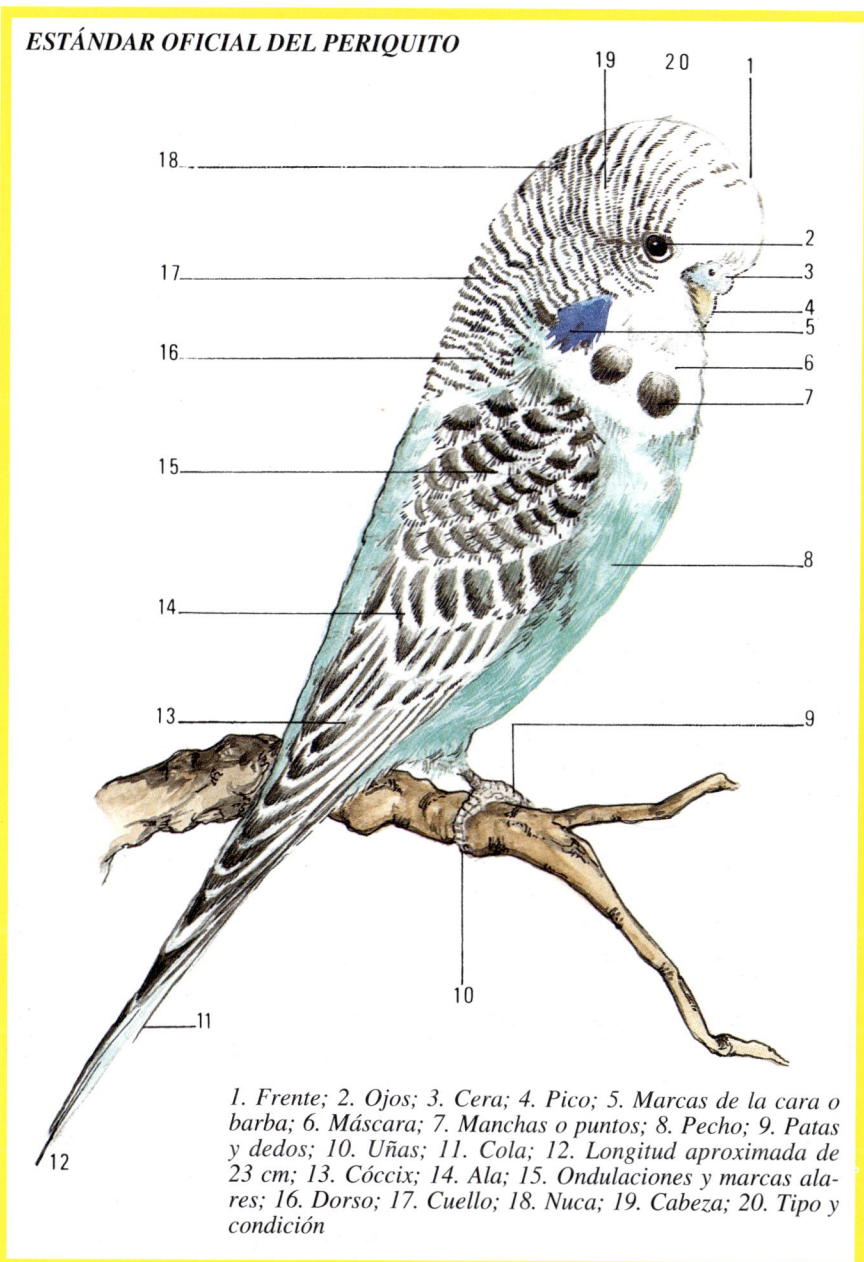

1. Frente; 2. Ojos; 3. Cera; 4. Pico; 5. Marcas de la cara o barba; 6. Máscara; 7. Manchas o puntos; 8. Pecho; 9. Patas y dedos; 10. Uñas; 11. Cola; 12. Longitud aproximada de 23 cm; 13. Cóccix; 14. Ala; 15. Ondulaciones y marcas alares; 16. Dorso; 17. Cuello; 18. Nuca; 19. Cabeza; 20. Tipo y condición

Bellísimo ejemplar azul

nos enseñan que los caracteres hereditarios no se comportan de esta manera, y sucede muchas veces que de dos campeones nacen sujetos imperfectos.

El motivo de este hecho es fácil de explicar: el fenotipo de un periquito está formado por un número muy alto de genes, muchos de los cuales permanecen escondidos y no forman parte del fenotipo del individuo, sino que son latentes; con determinados acoplamientos estas características pueden hacerse visibles y muchas veces su aparición actúa en perjuicio de la belleza del animal. Esto significa que incluso el campeón más bello puede albergar genes defectuosos, que son heredados por la prole, que será algo peor que los padres.

Además, si ambos padres tienen los mismos defectos latentes, que no son por tanto visibles en el fenotipo pero sí están presentes en el genotipo, estos aparecerán con mucha probabilidad en la prole, que resultará más decadente. Por este motivo, el apareamiento fenotípico difícilmente

Arlequín gris verde

da buenos resultados a larga distancia; ciertamente, de dos campeones puede nacer algún polluelo válido.

> **CÓMO REALIZAR UN APAREAMIENTO FENOTÍPICO**
>
> *Aconsejamos a quien desee intentar este tipo de apareamiento que tome un macho grande, robusto y con la cabeza grande y robusta, y que lo acople con una hembra con una forma del cuerpo y un porte perfectos. De todos modos, hay que recordar que las características comunes de ambos reproductores aparecen siempre en la prole, y esto vale tanto para los valores positivos como para los defectos.*

Apareamiento genotípico

Con este tipo de apareamiento se intenta aprovechar el genotipo de los ejemplares que se quieren cruzar, por lo tanto, de los factores que están latentes. Para realizar este apareamiento hay que trabajar mucho con la consanguinidad o apareando padres con hijos, hermanos con hermanas, etc. Este tipo de apareamiento ha de realizarse siguiendo algunos criterios para no correr el riesgo de exaltar los defectos y perder las ventajas.

Una vez escogidas las características sobre las que se quiere trabajar, se procederá a seleccionar la prole que demuestre poseerlas y se acoplarán los hijos con el progenitor correspondiente. Siguiendo un cierto plan de cruzamientos interfamiliares existe, por tanto, la posibilidad de restringir notablemente la variabilidad de las combinaciones genéticas y los nuevos nacidos serán homocigotos para un número cada vez mayor de caracteres. Evidentemente, en este punto se intentará eliminar los defectos y potenciar las ventajas.

APAREAMIENTOS EN CONSANGUINIDAD

El apareamiento en consanguinidad permite sacar a la luz todo el potencial genético de una cepa, ya se trate de defectos como de virtudes.

Con este tipo de apareamiento se corre el riesgo de obtener ejemplares de talla diminuta, apáticos, con poca capacidad reproductora, por lo cual se aconseja prestar mucha atención cuando se formen las parejas: si se vislumbran individuos con estas características, es el momento de restaurar nuestra cepa con sangre nueva que dé fuerza y vigor. Es evidente que si para restaurar nuestra cepa usamos individuos procedentes de otro criador que realiza el apareamiento genotípico, podremos reducir los posibles «daños genotípicos» que un ejemplar nuevo puede llevar a nuestra selección aportando una notable gama de posibles combinaciones genotípicas desconocidas.

Joven ejemplar gris verde

Índice analítico

ácaros, 62
accesorios, 59
accesorios, limpieza de los, 110
adiestramiento, 11, 91
agresividad, 93
agua, 15, 19, 23, 42, 65, 66, 78
— recipientes para el, 59
— renovación del, 71
Ala clara, 140
Ala de encaje, 144
Ala gris, 141
Ala perlada, 146
alas, 28, 33, 68
albino, 143
albúmina, 34
alimentación, 23
alimento, 15, 19, 23, 32, 42, 43, 71
— fermentación del, 71
— fragmentación, 32
— recipientes para el, 59
alimentos, 49
— rotación de los, 78
alimentos perecederos, 71

anilla metálica, 102
anillo central, 129
anillo externo, 129
anillo interno, 129
apareamiento, 96, 98, 142, 143, 148
— fenotípico, 150, 152
— genotípico, 150, 154
apoyos, 59, 61
árbol artificial, 55, 59
árbol genealógico, 50
arlequines: ver *píos*
arlequines asimétricos: ver *píos asimétricos*
aspecto, 50
Australia, 18
azul, 133
baño, 63, 68
barbas, 83, 130
bárbulas, 83, 128
bebederos, 62
— desinfección de los, 71
bienestar, señales de, 85
bronquios, 33

buche, 34
cabeza, 25
canela, 138
captura, 13, 15, 20
cara amarilla, 147
carácter heterocigoto, 123
carácter homocigoto, 123
carácter recesivo, 147, 148
caracteres fenotípicos, 150
caracteres genotípicos, 150
características, 18, 25, 26
carencias, 52, 87, 138, 142, 144
— alares, 146
carencias morfológicas, 141
cáscara, 34
cautividad, 11, 55
cavidad oral, 34
cavidades nasales, 33
célula diploide, 120
células haploides, 120
cera, coloración de la, 31, 52, 95
cloaca, 34
cola, 28, 32
— limpieza de la, 83
colonia, vida en, 19, 20
color, 17, 37, 150
— mutaciones de, 17
— variedades de, 131
coloración, 148
columna vertebral, 28
combinaciones genéticas, 154
combinaciones genotípicas, 154
comederos, 42, 50, 62, 66
— desinfección de los, 70
compañía, necesidad de, 11, 15, 88
comportamiento, 86
compra, 37, 40, 46, 48, 49, 65, 67, 44
concurso ornitológico, 49
consanguinidad, 150
convivencia, problemas de, 38, 40, 86
cortejo, 20, 97
coste, 28
cráneo, 30
crecimiento, 101, 103

cría, 15, 16, 17, 18, 41, 45, 49, 71, 94, 150
criador, 49, 50, 150, 154
— maletas de, 65
crías, 23, 104
cromosomas, 119, 120
cuello, 25, 30
cuerpo, 28
— coloración del, 144
— flexibilidad del, 82
— forma del, 150
— posición del, 150
cura, 37, 40
dedos, 25, 32
defectos, 153, 154
defensa, instinto de, 54
deferentes, 34
desarrollo corpóreo, 48, 57, 96
desinfección, 63
deyecciones, 57
dibujo, 150
— melánico, 146
dieta, 75
difusión, 15
digestión, 80
domesticación, 13, 43, 54, 59, 80, 82
dominante, 125, 132, 134, 136
edad, 31, 52
emisiones canoras, 54, 81
enfermedades, 67, 109
— infecciosas, 96
epiglotis, 33
errores alimenticios, 78
esófago, 34
espacio, problemas de, 40, 55
espermatozoide, 120
esqueleto, 28
estándar, 49
esternón, 28
estómago, 34
estrés, 49
excitación, 81
exportación, 15, 16
exposiciones, 49, 50, 78
extremidades, 32

factor cara amarilla, 144
factor dominante, 146
factor INO, 144
factor recesivo, 140
factores latentes, 123
faringe, 33, 34
fenotipo, 120, 123, 152
forma, 133
galleta, 63, 78
gametos, 119
gástricos, problemas, 75
genes, 125, 152
genotipo, 125, 152
glotis, 33
golpes de aire, 57
gónadas, 34
Gris, 134
grit, 66, 80
hábitat, 23
hambre, 23
herencia, 111, 123, 150
— dominante, 123
— ligada al sexo, 123
— recesiva, 123
higiene, 50, 68, 69, 110
hueso de sepia, 63, 66, 69, 80
huesos, 28, 30, 33
huevos, 34
— desarrollo de los, 96
— eclosión de los, 98, 99, 104
— fecundación de los, 98
— incubación de los, 99
— inspección de los, 100
— número de los, 22, 98
— puesta de los, 20, 98, 99, 104
incubación, 20
— inicio de la, 96
— jaula de, 95
indisposición, 85
intestino, 34
jaula, 38, 40, 42, 43, 48, 50, 54, 55, 56, 57, 58, 66
— accesorios de la, 63
— aparatos de la, 48
— barrotes de la, 56

— cajita de la, 56
— colocación de la, 40, 60
— desplazamiento de la, 60
— elección de la, 55
— entrar de nuevo en la, 71, 90
— forma de la, 55
— higiene de la, 70
— limpieza de la, 110
— mantenimiento de la, 61
— salida de la, 71, 89
jóvenes, crecida de los, 57
juego, 11, 59, 88
juguetes, 63, 76
laringe, 33
«leche de loro», 23, 99
lengua, 33
lipocromía, 140
longitud, 26
Lutino, 142
malestar, 26, 56
mantenimiento, 11
manto, dibujo del, 103
manzana, 67, 78
— rayada, 77
marfil, 144
mejorados, 45
melanina, 129, 144
— coloración de la, 140
— desaparición de la, 141
— eliminación de la, 137
Mendel, Georg, 119
monogamia, 20, 94
muda, 46
— francesa, 16
— período de la, 78
mutación, 125, 126, 136, 143, 146, 147
nacimiento, 101
nariz, 31
nidadas, número de las, 23, 104
nido, 23, 59, 61, 63
— control del, 103
— defensa del, 86
ojos, 30, 53, 103
— color de los, 144, 146

«ondulinos», 45
opalino, 137
órgano copulador, 34
orientación, sentido de la, 56
ovario, 34
oviducto, 34
pajarera, 54, 55, 66
— decoración de la, 59
— exterior, 58, 59
— interior, 58
panizo, espiga de, 65, 71, 76
parásitos, 75, 84
pareja, 15, 66, 96, 154
pata, 25, 52, 91
peligros, 71
peso, 26
pico, 25, 30, 31, 34, 62, 80, 85, 91
— bordes del, 30, 69
— cera del, 31
— coloración del, 52
— corte del, 69
píos, 146
píos asimétricos, 148
plumaje, 46, 52, 68
— adherencia del, 85
— alargamiento del, 85
— coloración del, 43, 45, 119, 123, 128, 130, 148
— condiciones del, 46
— cuidado del, 128
— dibujo del, 52, 131
— filamentoso, 125
— limpieza del, 83
plumas, 103
polillas, 75
polivitamínicos, 78
polluelos, alimentación, 99, 103
pulmones, 33
queratina, 84
remeras, 147, 148
reproducción, 15, 18, 20, 41, 43, 44, 45, 54, 60, 71, 76, 96, 104, 154

— períodos de la, 86, 93
reproductores, 97
— edad de los, 96
— elección de los, 95
— salud de los, 96
sacos aéreos, 33
salud, 40, 90
— estado de, 50, 51, 67
sed, 23
selección, 45, 50, 153
— reproducción en, 17
semillas, 65, 75
— de salud, 77
— frescura de las, 75
— germinación de las, 77
— limpieza de las, 75
— mezclas de, 71
sexo, 31
sifón, 42
siringe, 34
sociabilidad, 19
suciedad, problemas de, 38, 40, 50, 59, 76
sujeto dominante, 146
sujeto recesivo, 146
supervivencia, 15
talla, 11, 13, 17, 26, 31, 38, 49, 50, 133, 150, 154
temperatura del cuerpo, 84
testículos, 20, 34
timoneras, 148
tirosina, 129
transporte, 65
tráquea, 33
uñas, corte de las, 69
variedades, 17
vendedor, 49, 51
verde, 132
veterinario, 109, 110
violeta, 136
vista, 30
vuelo, 20, 28, 40, 55, 68, 71, 83

Impreso en España por
EGEDSA
Rois de Corella, 12-16
Sabadell (Barcelona)